利用者本位の建築デザイン

事例でわかる住宅・地域施設・病院・学校

日本建築学会編

彰国社

装幀・本文デザイン　髙橋克治 (eats & crafts)

はじめに
「利用者本位の建築デザイン」を問い直す

いまあえて「利用者本位の建築デザイン」を問い直す意味

　建築の設計において設計者がまず把握しなければならないことが、建築の利用者とそのニーズであることは、異論のある人はいないだろう。ではなぜ、本書ではわざわざ「利用者本位の建築デザイン」という、いわば「当たり前」のことを考えようとしているのだろうか。

　ひとつの手がかりとして、認知症高齢者を考えてみたい。少なくとも1980年代までは、病院的環境・多床室・集団処遇・身体拘束など、いまでは考えられない状況に身を置かざるを得ない状況が当たり前だった。つまり、認知症高齢者は設計の「本位」たるべき「利用者」と見なされていなかったのだ。その後、多くの試み、研究によって認知症高齢者のための環境は劇的に改善したことは、読者の広く知るところだろう。

　なぜ、認知症高齢者は利用者としてとらえられなかったのか。私たちは、これは認知症高齢者が自分のニーズをはっきり示すことができない、かつ外部からも、彼ら／彼女らが何らかのニーズを示しているということを、うかがい知ることが難しいからだったと考えている。

　これまで建築計画学は、いわゆる「普通」の人々を、暗黙のうちに利用者として想定し、その人々のニーズを満たすことを追求してきた。しかしながら、「普通」だけに目を向けていてはこぼれ落ちてしまう、切実なニーズのある利用者が存在することを、認知症高齢者の例は示している。そして、そのような利用者は実はほかにも多く存在する。近年は著しく社会的・文化的な多様化・細分化が進み、少子化・高齢化も劇的に進展している。このような状況のなかで、建築計画学に求められている役目は、まずそもそもの「多様な」利用者の視点に立ち返り、その視点から建築デザインを問い直すことなのだ。

本書で伝えたい「多様な利用者」の姿

　とはいえ、「多様な」利用者を把握することは、とても難しい。そもそも、「普通」と「普通でない」ことの違いだって、曖昧だ。それでも、いくつかの視点を導入することによって、ある程度利用者の多様さを把握することができるのではと、私たちは考えている。ここで、本書で紹介する利用者を特徴づける、いくつかの視点を説明する。

不可視化された利用者

　私たちの日常にはほとんど存在しない、または存在が隠されているために、「見えない」状況となっている利用者。たとえば、まちなかから遠く離れた場所につくられた施設で過ごす障害者や、精神科病院・一般病院の精神病床で長期の入院を続けている患者などが考えられる。

ニーズの表明が難しい利用者

　自分の言葉で語ることができない利用者や、そもそも自分たちがどのようなニーズをもっているのか、自分たちにも明らかではない利用者。たとえば重度の知的障害があり、コミュニケーションを成立させることが難しい人々や、コミュニケーション能力が十分に発達する前の幼児も、このタイプの利用者に当てはまる。

利用者
「利用者」と一口に言うのは簡単だが、建築計画学の視点からはそれほど単純ではない。たとえば病院を考えても、病院運営者にとって「利用者」とは患者だが、建築計画学的には医療スタッフや事務スタッフ、リネン業者や厨房スタッフも「利用者」に含まれる。そのため、注意深く対象とする文脈を見つめ、「利用者」を発見する必要がある。

認知症高齢者
厚生労働省のウェブサイト[1]によれば、認知症とは「生後いったん正常に発達した種々の精神機能が慢性的に減退・消失することで、日常生活・社会生活を営めない状態」のことを意味する。2004年までは「痴呆」と呼ばれていたが、侮蔑的であり実態を正確に表していないとして「認知症」と呼び替えられた。

認知症高齢者グループホーム
定員5人以上9人以下の個室ユニットからなるグループホーム。3ユニットまで合築することができる。

精神病床
日本における精神病床数は約35万床で、近年やや減少がみられるものの、大きく変化はしていない[2]。精神病床に1年以上入院している患者の数は、2002年には22.3万人であり、2005年は22.0万人、2008年には20.5万人、2011年は19.3万人と、漸減傾向にあるものの、依然として20万人前後が長期の入院をしている状況である[3]。

障害者施設
1970年代から各地に建てられた障害者施設は、定員が数百人を超えるものが多く、病院から老人施設まで、そのなかで一生を終えるための施設が備わったもので、「コロニー」と呼ばれた。多くは山間部など、一般の人のアクセスが難しい場所に立地している。

ニーズが変化する利用者

たとえば高齢者の住宅改修を考えた場合、ある時点では最適解であっても、加齢が進み身体機能が低下すると、そのままでは生活が難しい状態が発生することもある。また、公営住宅などは、必ずしも入居者が一定ではない。これもある意味では、「ニーズが変化する利用者」だといえる。

異なるニーズが混在する場の利用者

たとえば大学のキャンパスを考えてみよう。そこには車いす使用者や視覚障害者など、さまざまな人々が存在する。立場も、学生の場合もあれば、教職員であることもある。セミナーなどで、外部からそのときだけやってくる人だっているはずだ。このようなとき、単一の利用者のみに着目してしまうと、見過ごしてしまう利用者が存在する可能性がある。

非日常時の利用者

「非日常時」というと、災害時などが想像されると思うが、私たちがここで考えたいのはより「日常的な」場面における「非日常時」のことだ。病気になって入院したり、あるいは自分の子どもが入院したときのような状況の人たちのことを、「非日常時の利用者」ととらえてみると、どこかに見落とされている人たちがいるのではないか、と私たちは考えている。

このような言葉を手がかりに身の回りを見渡したとき、私たちは多くの利用者が浮かび上がってきたと感じている。本書では、そのような利用者の姿と建築に対するニーズ、そしてその解決策を、具体的に紹介していきたい。

本書の構成

本書は、「第1章：住まい手のちからを引き出す住宅」「第2章：ケアを必要とする人たちの共同の住まい」「第3章：在宅生活を支援する地域施設」「第4章：日常生活の延長にある医療施設」「第5章：多様性をはぐくむ教育施設」の5章からなる。

各章では、冒頭に「解説」を、引き続いて3〜4事例の紹介からなる「事例」を置いた。「解説」では、その章で取り上げる利用者がどのような人々で、どのようなことに困っているのかを簡単に説明し、加えてそのような人々のニーズを満たす建築的解決策を紹介する。「事例」では、きわめて先進的と思われる事例を厳選し、私たちが大切であると考える事柄を中心に、深く掘り下げた解説を行った。具体的には、その事例が対象とする利用者とその利用者に独特なニーズ、その事例での取組みが始められたきっかけや開設に至る経緯、平面計画のポイント、そして事後評価である。

本書で紹介する事例を、事例の概要と主な利用者、そしてここまでに紹介した利用者を特徴づける視点に関して、表にまとめた(表1)。本書の使い方として、当然最初から読んでも構わないし、興味のある建築種別から読み進んでいく方法もある。加えて、視点の分類から気になる事例をピックアップして読んでも、新たな発見があるだろう。施設類型ではなく利用者の姿、そしてそこで必要とされているニーズを手がかりに本書を読み解くことで、読者が対峙しているであろう固有の現場に役立つ何らかの知識が得られることを、著者一同期待している。

日本建築学会ユーザー・オリエンティド・デザイン小委員会

高齢者の住宅改修
介護保険では、要介護者などが自宅に手すりを取り付けるなどの改修を行う場合、改修費の9割を支給する制度がある。この改修には手すりの取り付け、段差の解消、床仕上げの変更などが含まれ、支給額は最大で18万円である。これ以外にも、自治体によっては「高齢者住宅改造助成事業」「障害者住宅改造助成事業」などの名称で、住宅改修費を支給している場合がある。

大学キャンパス
大学キャンパスやキャンパス内の建物は、バリアフリー法においてバリアフリー化が求められる特定建築物に含まれていない。
他方で、2006年に定められた「障害者差別解消法」では、障害者への「不当な差別的取扱い」の排除と「合理的配慮の提供」が法的義務ないし努力義務となった。
日本学生支援機構の調査によると、2015年度の障害のある学生の大学・短期大学・高等専門学校の在籍者数は2万1721人であり[4]、各大学が早急に何らかの配慮を行うことを求められている。

日常的な場面における「非日常時」
本文に示した状況以外にも、さまざまな場合が考えられる。たとえば、慢性疾患があり、何らかの医療的ケアが日常的に必要になるような状況や、大きな荷物をもっているため階段が使えないなどの状況も、日常的な場面における「非日常時」であろう。海外旅行で言葉の通じにくい国に行った場合、あるいは日本語をあまり知らない海外からの旅行客を受け入れる場合なども、ある意味では「非日常時」の状況である。

本書で取り上げた事例の分類

		概要	主な利用者像	不可視化された利用者	ニーズの表明が難しい利用者	ニーズが変化する利用者	異なるニーズが混在する場の利用者	非日常時の利用者
1章	事例1	「できること」をあきらめない、自立生活継続のための住宅改修	在宅の高齢者	○		○	○	
	事例2	暮らしを丁寧に深堀りし、住まい手のちからを引き出す新築家づくり	車いす使用者			○		
	事例3	場所と行為の徹底した対応によって、過ごしやすさを生み出す住宅改修	自閉症児・者	○	○			
	事例4	階段室型公営住宅でのバリアフリー改修の試み	車いす使用者			○		
2章	事例1	最重度の障害があっても暮らせる住まい。在宅でも施設でもないライフスタイル	重度重複障害者	○	○			
	事例2	富山発。住み慣れた地域で高齢者も障害者も一緒に暮らす	高齢者、障害者			○	○	
	事例3	自律による自立生活の実現へ、地域に根ざした共同の住まいの創造	知的障害者			○	○	
	事例4	個別支援の徹底と障害特性の理解が実現、利用者の特性に呼応した環境づくり	自閉症者	○			○	
3章	事例1	ワンストップよろず相談、空き店舗活用で地域の暮らしを支える	高齢者や介護者など					○
	事例2	利用者の生活から読み取る環境づくり、どんな人でもふらっと立ち寄れる地域の場づくり	自閉症児・者 高齢者		○		○	
	事例3	障害当事者が実現！住居とまちのたまり場	車いす使用者			○	○	
4章	事例1	看護師中心の組織で患者ニーズを反映した病棟づくり	入院患者、医療スタッフ				○	○
	事例2	利用者の声を細かく反映、「分かりやすさ」を極限まで追求した大規模眼科クリニック	外来患者				○	○
	事例3	がんになっても、笑顔で育つ！家族と暮らしながら療養できる環境づくり	小児がん患者、家族	○	○			○
5章	事例1	障害学生の要望を実現するための、大学の環境整備における組織と工夫	障害学生		○		○	○
	事例2	身体障害・発達障害・医療的ケアなど、児童の個別ニーズに応える工夫	障害児		○		○	
	事例3	障害学生の困り事を把握し、連携サポートで学生が安心して過ごせる場を実現	障害学生		○		○	

目次

はじめに ──── 3

1章　住まい手のちからを引き出す住宅

　　　解説　住まい手自身も気づくことが難しいニーズを具現化するために ──── 8

事例1　「できること」をあきらめない、自立生活継続のための住宅改修　S邸 ──── 12

事例2　暮らしを丁寧に深堀りし、住まい手のちからを引き出す新築家づくり　K邸 ──── 18

事例3　自閉症児・者にとっての環境整備　基本的な考え方 ──── 24
　　　　場所と行為の徹底した対応によって、過ごしやすさを生み出す住宅改修　N邸 ──── 26

事例4　階段室型公営住宅でのバリアフリー改修の試み　兵庫県営住宅 ──── 30

2章　ケアを必要とする人たちの共同の住まい

　　　解説　1人で暮らせない人たちが地域で暮らすために ──── 38

事例1　最重度の障害があっても暮らせる住まい。在宅でも施設でもないライフスタイル
　　　　重度身体障害者グループホーム　やじろべえ ──── 42

事例2　富山発。住み慣れた地域で高齢者も障害者も一緒に暮らす
　　　　共生型グループホーム　翼 ──── 48

事例3　自律による自立生活の実現へ、地域に根ざした共同の住まいの創造
　　　　障害者グループホーム　はやぶさ ──── 54

事例4　個別支援の徹底と障害特性の理解が実現、利用者の特性に呼応した環境づくり
　　　　強度行動障害グループホーム　レジデンスなさはら　1番館・2番館・3番館 ──── 60

3章　在宅生活を支援する地域施設

　　　解説　「暮らし」は「住まい」と「地域」でつくられる ──── 68

事例1　ワンストップよろず相談、空き店舗活用で地域の暮らしを支える　暮らしの保健室 ──── 72

事例2　利用者の生活から読み取る環境づくり、どんな人でもふらっと立ち寄れる地域の場づくり
　　　　富山型デイサービス　ふらっと ──── 78

事例3　障害当事者が実現！住居とまちのたまり場
　　　　ユニバーサルマンションとユニバーサルスペース夢喰夢叶 ──── 84

4章　日常生活の延長にある医療施設

　　　解説　病気になっても「日常」を続けるために ──── 92

事例1　看護師中心の組織で患者ニーズを反映した病棟づくり　三井記念病院 ──── 96

事例2　利用者の声を細かく反映、「分かりやすさ」を極限まで追求した大規模眼科クリニック
　　　　お茶の水・井上眼科クリニック ──── 102

事例3　がんになっても、笑顔で育つ！家族と暮らしながら療養できる環境づくり
　　　　小児がん専門治療施設　チャイルド・ケモ・ハウス ──── 108

5章　多様性をはぐくむ教育施設

　　　解説　障害のある児童・生徒・学生の学びを支える環境づくり ──── 116

事例1　障害学生の要望を実現するための、大学の環境整備における組織と工夫　大阪大学 ──── 120

事例2　身体障害・発達障害・医療的ケアなど、児童の個別ニーズに応える工夫
　　　　さいたま市立さくら草特別支援学校 ──── 126

事例3　障害学生の困り事を把握し、連携サポートで学生が安心して過ごせる場を実現
　　　　日本福祉大学コミュニティセンター（障害学生支援センター・学生相談室・保健室） ──── 132

おわりに ──── 138

1章

住まい手のちからを
引き出す住宅

　住宅とは、どのような場所だろうか。私たちを守り、生きることを可能にするだけでなく、地域のなかにあることによって社会生活を可能にする、きわめて根源的な場所であるはずだ。でも、ある種の人々にとって、住宅が「住宅」として機能しなくなることがある。

　たとえば、加齢や疾病により、徐々に身体機能が低下していった場合、それまでは可能だった行為ができなくなってしまうことがある。怪我などによって身体に障害のある場合も、「普通の」住宅では「普通に」暮らすことができなくなってしまう可能性が高い。自閉症者のような、環境の影響を受けやすい人々にとっては、「普通の」人たちが問題なく暮らせる住宅が、困り事だらけになってしまう。公団住宅のように「普通の」人々を想定した住宅は、ある種の人たちには住まいになり得ないこともある。

　これらはすべて、住宅の利用者はある一定の「普通の」人たちである、という暗黙の前提のもとに、住宅がつくられてきたために生じたことだ。しかし実際には、住宅の利用者はさまざまで、かつ生活のなかで状況が変化している。住宅は、そのような利用者の変化に寄り添い、利用者の力を引き出すものでなくてはならない。

　本章では、そのような利用者に寄り添い、あるいは利用者の変化に追随して姿を変え、利用者の生活をより豊かなものへと導いてくれる、多様で柔軟な姿をもった住宅を紹介する。

住まい手自身も気づくことが難しいニーズを具現化するために

1章 / 解説

住まい手のちからを引き出す住宅

1. 住み慣れた住まいが暮らしにくくなるとき

私たちは、不自由のない身体で生活しているとき、さまざまなことを「当たり前」だと思い、何も気に留めることなく過ごしている。しかし突然、自分や家族が障害・疾病により身体機能が激変すると、「当たり前」の環境にバリアを感じるようになる。

突然起こる障害などではバリアを実感できるが、加齢に伴う身体機能の変化や経年で進行する疾病や先天的な障害の場合、何かの「きっかけ」がないと、そのバリアに気づかない（もしくは気づいてもわざわざ対応する必要はないと軽視する）ことがある。

この「きっかけ」の多くが転倒事故などの出来事であり（図1）、要介護や要支援の原因にもなりかねない。設計の際には、住まい手に対し将来起こり得る障害や疾病に対する「気づき」を与える打合せや、万が一不便・不自由が生じた際にも対応できる配慮が必要である。後天的な障害・疾病や加齢に伴う身体機能の変化で「きっかけ」が生じる場合は、「気づき」が比較的明確で、住宅改修などにつながることもあろう。他方で、脳性まひなどの先天的な障害の場合は、産まれてからずっと障害が「当たり前」であり、不便・不自由であることに対する「気づき」をもちにくいため、生活環境を改善するには、より積極的な提案が必要となる。このニーズの発生と理解、そして建築的な対応について図2に示す。

CHECK！

東京消防庁で2015年中の日常生活の事故（交通事故を除く）で搬送された人のうち、高齢者は約半数の6万8122人であった。搬送された高齢者の事故原因は「転ぶ」が81.1％であり、そのうち40％の人が入院となった。転倒事故の発生場所は「住居等居住場所」が約60％であり、住居内での転倒場所は「居室・寝室」が68.8％、「玄関・勝手口」が9.7％となっている。住まいの段差解消や手すり設置の重要性が示された（図1）。

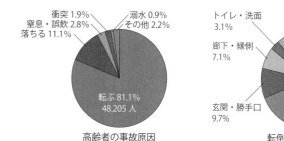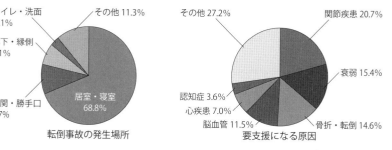

図1 身体機能に変化を及ぼす「きっかけ」

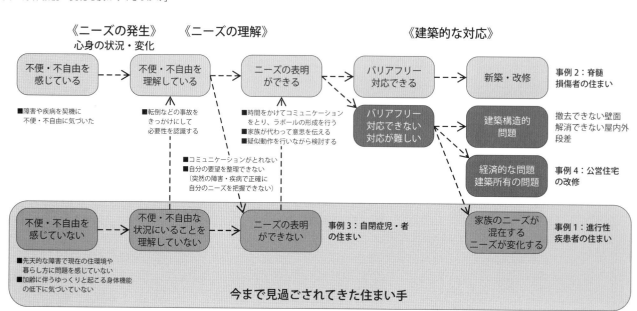

図2 住まい手の変化の流れと見過ごされてきた住まい手

1-1. 利用者が主役の住まいづくり

健常者の住まい手を前にして「浴槽に入れる設計にした」「便器に1人で座れる設計にした」と嬉々として説明する設計者はいない。本章で取り上げた住まい手もそんなことは当然満たされた上で、より豊かな自分らしい生活を送ることができる住まいを希望している。

具体的には、入浴や排せつ、外出などの日常生活動作（ADL；activities of daily living）がスムーズに行えることを基本としつつ、趣味や生活歴などを考えた住まいが求められているのだ。これは、住まい手が特定されない公営住宅においても同様である。事例4で紹介する公営住宅のバリアフリー化でも、生活の仕方を考慮して2タイプが検討されている。

1-2. ラポールの形成による設計

バリアフリーを考慮した設計で、住まい手とのラポールの形成*は重要である。健常者の住まい手では排せつや入浴の仕方を詳細に聞き取ることはめったにないが、障害などにより健常者とは異なる方法・動作を浴室やトイレ内で行う場合には聞き取りや擬似動作を行ってもらうことが必要となる。とくに若い女性が住まい手の場合には、入浴や排せつなどの部分を語りたがらないこともあるので、設計作業を丁寧に進めつつ時間をかけてラポールの形成を行った上で、入浴や排せつ動作の聞き取りが、いかに設計に重要であるのかを説明し納得してもらう。そして、その聞き取りした内容1つひとつが設計に反映されるよう心がけるべきである。

ある脊髄損傷者の入浴方法	建築・設備の工夫
①寝室へ移動し、入浴の準備のためバスタオル類を準備する	
②車いすからベッド上に移乗しベッド上で脱衣を行う	・下半身まひのため、身体に火傷やキズを負っても気づかない場合があるので細かくチェックする。そのため、ゆっくり下半身をチェックできる環境、大型鏡や手鏡の準備が必要
③ベッド上で下半身や背中など、普段目の届かないところにキズがないか確認する	
④バスタオルを羽織り、車いすに乗り浴室へ移動。浴室ドアを開けてなかへ入る	・寝室—洗面脱衣—浴室への移動を、廊下などを通らずにできるとよい
⑤浴室内の移乗台（洗体台）へ移り、車いすを浴室外へ押し出し、ドアを閉める	・車いすには紐がついており手繰り寄せることができるようにしている。車いすを押し出せるスペースや紐を引っかけておくフックなどを設置
⑥長座位姿勢で移乗台上でシャワーなどを用いて洗体動作を行う	・シャワーフックは水圧で回らないものとする
⑦浴槽縁へプッシュアップで移動する	・長座位姿勢を取りやすいよう移乗台上は背もたれ部位にクッションマットを敷設
⑧手すりと浴槽縁を握り浴槽内へ入る。出入りは浮力を利用する	・溺れないよう浴槽は足先が届く程度の長さにする
⑨移乗台上で身体を拭き、浴室ドアを開けて紐を手繰って車いすを引き寄せ移乗する	
⑩バスタオルを広げたベッド上へ移動し、身体を拭き上げて着衣する	・寝室には一連の動作に必要なものを収納できるとよい

図3 脊髄損傷者の入浴動作の一例と、その際の設計・生活上の工夫

* ラポールの形成
ラポールは「親密な関係」「信頼関係」という意味で、福祉や心理学の分野で用いられる。住まい手と時間をかけた打合せを行うことで徐々にラポールを形成し、「ハレ」（非日常的な明るい場面）の部分だけではなく「ケ」（排せつなど日常的な場面）の詳細な聞き取りやさまざまな擬似動作を行ってもらえるレベルまで関係を築くべきである。住まい手が自ら進んで水着を着用し、実際の入浴動作を示してくれる程度までラポールの形成ができたら、設計ミスは起こらないだろう。

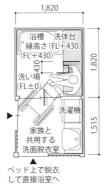

【案1】
浴室内で車いすの乗降を行うので、出入りの工夫が必要

【案2】
洗い場全面を車いす座面高さまでかさ上げしているので、家族と共用が難しい

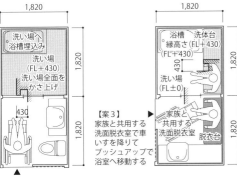

【案3】
家族と共用する洗面脱衣室で車いすを降りてプッシュアップで浴室へ移動する

【案4】
家族と浴室出入口を分けて寝室に付属したトイレから直接、浴室へアプローチする。洗体台上で背もたれの壁面がないので姿勢保持が困難

図4 ある脊髄損傷者居宅の水回りの検討。車いすを使用した浴室の設計もさまざまである。図3のように入浴動作に関係する行為を1つひとつ洗い出して、設計を行う必要がある。ラポールの形成ができれば、擬似動作を行いながら検討ができる。この事例では【案1】となった。

※この検討案では、手すりなどは省略している

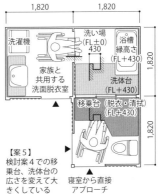

【案5】
検討案4での移乗台、洗体台の広さを変えて大きくしている

【案6】
長座位姿勢で排せつを行うトイレ。検討案2のように洗い場全面をかさ上げする方法も検討する

1-3. 住まいの基礎体力の向上と限界

住まいを設計する際には、住まいの基礎体力の指標ともいえる「高齢者が居住する住宅の設計に係る指針」（表1）の内容を満足していれば、一定レベルの加齢や疾病・障害には対応できる。しかし、それにも限界があり、対応しきれない住まい手も数多く存在する。そのことを認識した上で、さらなる配慮をどこまで付加すべきかの検討をしなければならない。

さまざまなニーズや制約が交錯する新築住宅において、将来の加齢や疾病・障害のリスクを最優先した設計は行い難く、本章で取り上げた住まい手へは対応が難しい。たとえば、屋内外の床段差解消は、防湿土間コンクリートの敷設などによる屋内床レベルを屋外床レベルまで下げる工夫、段差解消機やスロープ設置のスペース確保などが必要である。

住まいの工夫だけでは、対応が十分でないこともある。そのため、事例1で紹介する生活の工夫による対応も加味すべきである。建築によるハード面での対応の可能性と限界を考え、ソフト面での対応や、福祉機器での対応も考慮することが、豊かな生活を支える住まいの実現には効果的だ。その際、各種専門職との連携が重要となる。

障害や加齢により住み慣れた住宅での生活が不自由になってもあきらめないで済むように改善するためには、住まい手がどのような状態で生活しているのかをよく知る必要がある。たとえば次の2つのポイントはおさえておきたい。

表1 「高齢者が居住する住宅の設計に係る指針」の内容（抜粋）

段差	高齢者の居住する日常生活空間の床段差はなし。ただし、玄関・浴室は除く（床段差なし：段差5mm以下）
有効幅	廊下有効幅で78cm（推奨85cm） 建具幅で75cm、浴室建具で60cm（推奨80cm）
手すり	階段・浴室・トイレに手すり設置 玄関・脱衣室に手すり設置準備
階段	昇降しやすい安全な階段勾配・階段形状
トイレ浴室	トイレの広さを規定（推奨広さ：短辺130cm） 浴室の広さを規定（推奨広さ：短辺140cm、2.5㎡）

国土交通省告示 平成13年8月

ポイント1. 複雑な動作を行う場面

玄関での外出動作（靴や補装具の着脱動作、屋内外での移動手段の変更など）や脱衣室での動作（補装具の着脱動作や着脱衣動作、清拭動作など）、入浴動作（洗体動作、浴槽出入動作、排せつ動作）などは、狭いスペースでの複雑な動作となる。またバランスを崩しやすい動作であり、介助者の関与の程度や仕方もさまざまであるため、ラポールの形成とともに丁寧な聞き取りが必要となる。補装具や福祉機器の使用を含めて擬似動作を行い、入念に確認すべきである。

ポイント2. 車いす以外の福祉機器を使用する場合

「高齢者が居住する住宅の設計に係る指針」や他のバリアフリーのチェックリストは、一般的な車いすや介助車いす使用を想定しているものがほとんどである。他方で車いすにはリクライニング式やティルト式、電動車いすなどさまざまな種類があり、寸法や仕様、移動に必要な広さも異なる。また杖やリフト、補装具などの福祉用具を使用する場合、移動に必要な有効幅員の検討に加え、装着や移乗するためのスペースを検討する必要がある。たとえば、リフトを用いることで介助者は少ない力で移乗動作を介助できるが、吊り具の装着のためのスペースや時間（手間）、（装着の）技術を要求される。とくにリフトの吊り具の装着に関しては介助者が行う場合が多く、そのほとんどを寝室で行うため、動作スペースの確保やプライバシーの確保などが考慮されなければならない。

CHECK !

高齢者が居住する住宅の設計に係る指針　2003年に、高齢者が加齢などで身体機能が低下しても、そのまま住み続けることができることを目的としている。これは一般的な住宅の設計上の配慮事項を示した指針で「住宅の専用部分に係る指針」「一戸建ての住宅の屋外部分に係る指針」「一戸建ての住宅以外の住宅の共用部分及び屋外部分に適用される指針」からなり、基本レベルと推奨レベルが設けられている。なお、身体機能の低下や障害によっては、この指針ですべて対応することはできないので、個別に配慮する必要があることも記されている。

医療・福祉行政・介護などとの連携　本書で取り上げた住まい手の場合には、設計者は、設計にあたり医学的なアドバイスを十分に受ける必要がある。

主治医や作業療法士・理学療法士などがついている場合には話を聞きに行き、必要に応じて自宅で動作確認を行ってもらうことが効果的である。

行政職員や社会福祉士、ケアマネジャーには社会福祉面でのアドバイスを受ける。

事例1では、利用者は介護保険制度の利用に加え、さまざまな市の助成制度を受けて改修工事を行っている。

これらの制度を利用し改修工事に臨むことはもちろん、改修後の日常生活の利便性を向上させるソフトサービスの利用にも積極的に関わりたい。

福祉機器の特徴を把握する　住まい手の使用する福祉機器による擬似動作での学びに加え、福祉機器の展示ホールに出向きそれぞれの特徴について学習する。福祉機器の展示ホールには専門知識を備えた相談員がいるので相談するのもよい。

リクライニング式車いす、ティルト式車いす　姿勢保持がしやすいように背もたれなどが傾斜する車いす。前後方向に長さが必要となるため曲がり角部や回転する箇所にスペースを必要とする。とくに住宅用エレベーターの利用時には背もたれを起こす必要もある。

2. 障害とともに改修や工夫をしながら自分らしく生活する

　住まいとは、基本的な生活ができればいいだけの場所ではない。それまで培ってきた趣味や好きなことなどの生活歴を汲み取り、設計に反映させることが重要である。

　事例1は、進行性疾患により身体機能が低下する住まい手が、そのときどきのなかで自分でできることを行い、自分らしく過ごす工夫を紹介する。配慮を必要とする複数の住まい手が暮らす住まいで要望の集約を図り、身体機能が低下するなかで「料理」や「おもてなし」で自分らしく生活するための工夫を盛り込んでいる。

　事例2は、生活の楽しさを追求するという基本がしっかりおさえてある事例として紹介する。また、バリアフリー住宅に多くみられる水回りのワンルーム化を行っていない。住まい手に擬似動作を行ってもらい、繰り返し検証した上で、極限までスペースを省いたプランである。バリアフリー住宅の多くがより使いやすくなるよう水回りのスペースを広く取る傾向にあるが、住まい手とのラポールの形成が十分に行われたことで、省スペースを実現している。

　親や家族、他者とコミュニケーションをとることが困難な事例として、本章では自閉症児・者の住まいを取り上げる。発達障害を考えた住まいでは、視覚・聴覚・触覚（振動）・嗅覚などの刺激のコントロールが必要であり、とくに視覚からの情報コントロールが重要である。自閉症児・者には、周囲で何が起こっているのかを分かりやすく示し、何をすればよいのかを分かりやすく提示する方法が有効である。事例3では、住まい手の個性を考え、本人の理解の特性を考慮した空間づくりとサイン（掲示）が実現されている。

　一方、公営住宅では住まい手を特定することができないため、個別ニーズに対応することが難しい。浴室内では、どこの手すりを使用するかは不明なため、想定される箇所に多数設置したり、あらかじめ広範囲に壁補強を行う場合がある。

　大規模改修でかなりのバリアフリー対応が可能となるが、屋内外の出入口の確保や段差解消では課題が残るケースが多く、対応方法にはまだ検討の余地が残されている。そのための模索事例として、屋内外の出入口を窓側に設けスロープや段差解消機、2方向エレベーターなどのさまざまな工夫が試みられた事例4を紹介する。

3. 多様な住まい手を受け入れることのできる住まいづくりを目指して

　住まいを購入する際、私たちは漠然と家族の将来のことを思い描きながら検討を行う。実際には、時間の経過とともに家族構成の変化や、長く生活することで身体機能の変化や疾病や障害のリスクも発生する。それらの変化やリスクをすべて受け入れるのが生活基盤となる住まいである。

　住まいが疾病や障害による身体機能の変化を受け入れることができなければ、改修工事が必要となる。それでも住み続けることが難しければ、当然のことながら自宅での生活をあきらめなければならない。それは住まいを拠点として培ってきた家族関係や近所づきあい、趣味・嗜好といった、いわゆる個性を彩るさまざまなモノ・コトを失うことを意味する。

　住まいに身体機能の変化を受け入れる基礎体力があれば、介護保険制度の住宅改修の範囲で、もしくは各自治体の助成の範囲で対応することが可能な場合も多い。また一方で、本書で取り上げた住まい手のニーズに対応するためには、さりげない配慮では対応が困難なケースがあるのも事実である。

　設計者は、住まい手のさまざまな声なき声を拾い上げて、配慮の着陸地点を考えなくてはならない。

1章 事例1 「できる」ことをあきらめない、自立生活継続のための住宅改修

S邸

所在地：東京都／竣工年：1979年（2004年1度目の改修、2013年2度目の改修）／家族構成：4人／設計監理：NPO法人 町田すまいの会一級建築士事務所（2004年当時）／敷地面積：280㎡／建築面積：94.3㎡／延床面積：159.7㎡（2015年現在）／構造：木造／階数：地上2階

本事例のポイントは、複数の居住者の住みやすさを考える点と、進行性の疾患（進行性筋ジストロフィー症）のために着陸地点の見出し方の難しさにある。また、住宅改修までに至る経緯をみると、家族同士がお互いを思いやっていることが分かる事例でもある（図1）。

本事例の概要

この住宅は1986年に購入した築7年の中古住宅である。このときの家族構成はSさん、夫、義母、娘の4人である。住まい手の身体状況の変化による住宅改修を2回行っている。

1986年の引越し当初から、義母は住宅内で転倒を繰り返していた。そのため1999年頃から、加齢による不便・不自由に配慮した改修工事を計画した。新築工事も考えたが、義母の想いの詰まった住まいのため改修とした。改修計画中の2001年、Sさんは事故に遭い、その治療の過程で進行性筋ジストロフィー症（以下、筋ジス）であることが判明した。Sさん本人に次第に筋力の低下が現れ階段昇降が難しくなったため、急きょ改修工事を義母の身体状況だけでなくSさんの身体状況を考慮したものへ、そして新たに娘にも筋ジスが発症したため、娘にも合わせたものへと変更した。異なるニーズには個別に対応し、3人のニーズを合わせることのできる箇所は同一の工夫で対応した改修を目指している（図2）。

改修費用と利用した補助金

2004年、障害者対象の「小・中規模改修制度」で84万円の補助を受け、総額1800万円の改修工事を行った。

2008年にSさんは65歳を迎え、利用する制度が障害者制度から介護保険制度へ切り替わった。この切換えによりヘルパーの利用回数が削減となり、それまでヘルパーに依頼していた洗濯物干しなどを自分で行う必要性が生じた。その対応として介護保険制度による住宅改修工事を行い、掃出し窓外へバルコニーの設置を行った。外出の難しいSさんにとって、ヘルパーの訪問回数の減少は人と接する機会の減少となっている。

図2 身体機能の異なる3人の住まい手を想定して2カ所に玄関が設けられている。写真左奥の玄関ドアは主に義母が立位移動で使用するためスロープで上がる。Sさんと娘は車いすで写真右側の玄関引戸から入り2方向エレベーターで居室床高さまで上がる

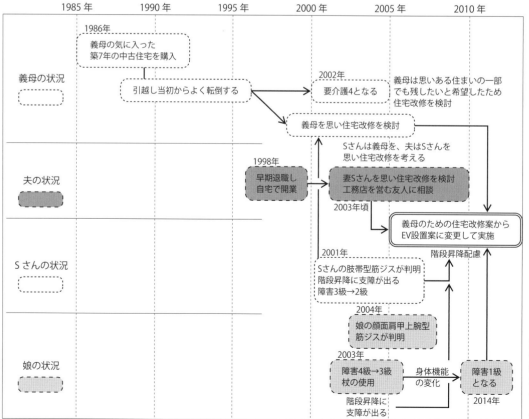

図1 Sさん家族の状況と住宅改修に至る経緯。Sさん、義母、娘の3者の身体機能が比較的短期間に変化しており、住宅改修の着陸地点を見出すことは難しいことが分かる

平面図で分かる設計のポイント

車いすを使用して在宅生活するための改修
本事例で、とくに留意した点は次の通りである（図3、4）。

段差に対して
わずかな段差越えやスロープ昇降などのない暮らし。

一般的なバリアフリーではスロープによる段差解消が行われるが、Sさんや娘は筋力低下により体幹保持や車いす操作が難しくなることが将来見込まれたので、スロープによる段差解消だけでは生活が困難である。そのため、玄関の段差は2方向エレベーターを使用して解消した。

トイレに対して
便器回りには、車いすでアプローチできる広さを確保する。

1階のトイレの横幅は壁芯-芯で910mmしか確保できないため、建具を2枚引戸にして有効開口1200mmにすることで、車いすを玄関ホールに置いて便器を使用することとした。プライバシー確保に支障をきたすことが考えられたので、家族全員でよく話し合い意見をまとめた。

浴室に対して
さまざまな入浴スタイルに対応する。浴室は、腰かけ台付きとして車いすから移乗し浴槽に入りやすくした。体調が優れないときはシャワー浴を利用することを想定し、寒くないよう床暖房を採用した。また、入浴用リフト（支柱設置型リフト）の将来設置を考え、リフトの支柱の取付け想定箇所（浴槽縁の壁面）に補強材として90mm角材を2本設置した。

改修前 1/200

改修後のトイレ

居間

改修後 1/100

図3 1階平面図

動線に対して

廊下から直線で室内に入ることができるように、建具位置や建具幅を考慮した。

1階では玄関ホールから居間へは一直線で入ることができる。寝室の前の玄関ホールにも車いすの回転スペースを設けており、出入りが容易となっている。2階も同様に廊下から夫婦の寝室までまっすぐ出入りできる。また建具も1100mmの大開口建具にしている。

廊下やエレベーターホール前に広いスペースを確保したため、夫の事務室面積が削られた。夫の執務に必要な最低スペースの検討を行い、慎重に設計を行った。

使いやすさの変化に対して

筋ジスは、身体機能の変化に伴い使い勝手が変化する。加えて当然のことながら、人によっても使いやすさは異なる。左半身に痛みがあるSさんと右半身に痛みがある娘を考慮し、両側に手すりを設置した。

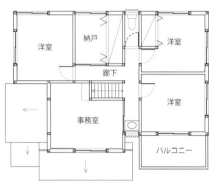

改修前 1/200

改修後のトイレ

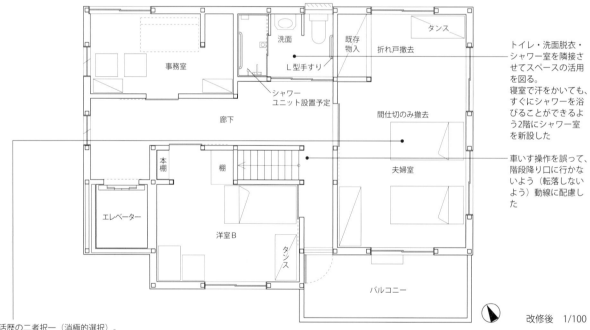

トイレ・洗面脱衣・シャワー室を隣接させてスペースの活用を図る。
寝室で汗をかいても、すぐにシャワーを浴びることができるよう2階にシャワー室を新設した

車いす操作を誤って、階段降り口に行かないよう（転落しないよう）動線に配慮した

改修後 1/100

機能と生活歴の二者択一（消極的選択）。
2009年にSさんはベッドからの起き上がりが困難となり、介護用ベッドを導入することになった。介護用ベッド周囲には手すりが設置され機能的には起き上がりは補助されるが、夫とお揃いのベッドを処分することに抵抗があった。ベッドを購入したときの思い出を手放す気がして、二者択一のなか、どちらを選択すべきか悩んでいた。
機能性だけですべてを決定せず、住まい手の生活歴やその人が人生のなかで大切にしてきたものを維持することが住まい手の真のニーズであり、それをデザインすることが求められている

図4 2階平面図

夫婦室のベッド

Design Focus 1 | 敷地計画は、駐車スペースの検討と屋内外の移動の2点が重要

車いす ― 座席の移乗には十分なスペースが必要

車いす使用者の自動車の利用が考えられる場合には、どのような乗降の仕方をするのかを検討して駐車スペースを設計する。自動車に対して運転席・助手席へ横方向からアプローチして車いす−座席へ移乗するのか、車いすごとスロープやリフトなどで自動車後方から乗り込むのかを考える。

Sさんは、筋ジスを発症してから外出時には車いすを使用しており、介助を受けながら自動車の横方向から車に乗るため、駐車場には横方向にスペースが必要である。しかし旗竿敷地の竿部分に駐車スペースがあるため、敷地の横幅が足りず、検討の結果、敷地の外に車を移動させてから乗降することとした。

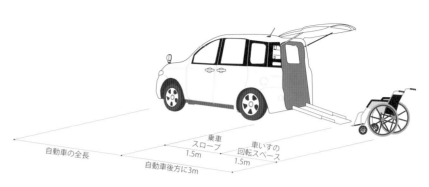

駐車スペースの工夫。福祉車両を利用する場合には、その機構を検討し必要なスペースを確認する。座席が可動して外部にせり出すタイプの福祉車両を利用する場合には横幅が必要となる。また、後方から自動車に乗り込むタイプでは、自動車後方に昇降部の突出部分(約1.5m)と回り込んで乗り込むスペース(約1.5m)が必要となり、自動車全長＋3m程度の駐車スペースが必要となる

2方向エレベーターで屋内外の段差を解消

新築住宅では、屋内外の段差解消のため床下に防湿土間コンクリートの敷設などを行い、居室床面高さを屋外土間付近まで下げることができる。しかし、住宅改修で車いす使用者の住まいを考える際、住宅内の床段差を解消することは可能であるが、屋内外の段差を根本的に解消することは難しく、スロープや段差解消機の設置を行うことが一般的である。

本事例は、段差解消機の設置も検討されたが、1-2階の上下移動のための住宅用エレベーターの設置の要望があったため、段差解消機と住宅用エレベーターの2台の昇降機を設けることはせずに、2方向エレベーターの設置で2役として段差解消を行った。2方向エレベーターを上手に使うことで、設計の幅を広げることができる好例である。

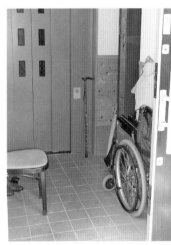

エレベーター前の玄関ホール。外出時の靴の脱ぎ履きをするベンチがある。また、外出用の車いすを収納するスペースを確保している

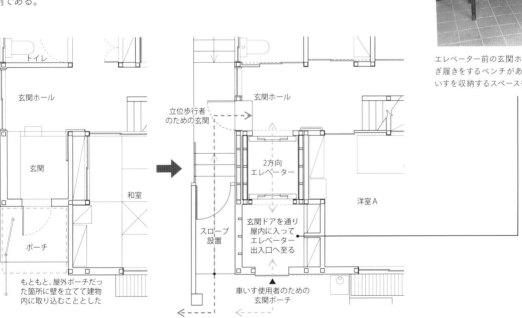

Design Focus 2 | 「できること」がきちんとできる設計

料理好きのSさんの台所

Sさんは料理好きで、料理に合わせた食器を揃えることも好きで、さまざまな種類のものをもっている。

そこで改修計画案では、食器棚の下部収納は引き出し式として奥の食器を上からのぞけるようにし、上部収納はガラス扉にして内部が見通せるようにした。さらに、腕の上がる範囲（可動域）を確認し、天井からの食器棚の高さを決めた。

できることをして自立する

その後Sさんは、身体機能の低下が進み立位保持が困難となり、改修直後はヘルパーと一緒に行っていた調理も、次第にヘルパーに任せるようになった。

それでも電話やネットでの宅配サービスを活用して食材を入手し、使う食器や調理法をヘルパーに指示することで料理に参加している。

かがむ動作などが困難なSさんに合わせて収納計画がされた。調味料などの頻繁に使用するものは引出しにしまわず、広くとった調味料・家電スペースに並べて使用している

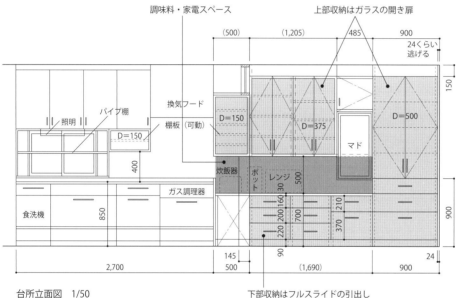

台所立面図　1/50

到達範囲が狭くなっても使えるように収納位置を工夫している。最上部・最下部の収納はSさんには使えないため、使用頻度の高いものは出し入れ動作を省力化するためカウンター上に出している場合も多い。そのため、カウンターは通常のキッチンよりも面積を広くとっている

おもてなしで人や社会とつながる

玄関回りは、おもてなしの工夫を行っている。宅配やクリーニングの人などが来たときには、玄関に置いたペットボトルをお礼に渡している。宅配物は自宅内まで入れてもらうこともある。

外出頻度が減っても来訪者をおもてなしすることで、人や社会とつながっている。

玄関ドア横に上げ下げ窓を設けて、玄関ドアを開けなくても郵便物やクリーニングの受け渡しもできる。

上げ下げ窓の手前には窓額縁下高さに下駄箱があり、窓から受け取ったものを仮置きできる。その高さは、腰の高さと合っているため、靴の脱ぎ履きの手がかりとなるし、肘をついて身体を支えながら窓の上げ下げ動作をすることができる。

人や社会とつながる工夫をした玄関回り。正面が夫や義母の出入りする玄関扉で宅配便などもここで対応する。左手のドアはホームエレベーターの扉で、Sさんや娘はここから出入りしている

Design Focus 3 ｜ 時間とともに変化する身体機能に柔軟に対応する

身体機能の変化を考える

本事例の設計は、Sさんが地域活動で知り合った設計者に依頼した。設計段階では、その設計者が所属するバリアフリーのNPO団体の作業療法士にも加わってもらい、医学的なアドバイスも取り入れた。

到達範囲が狭くなっても

徐々に腕が上がりにくくなるなど、改修工事以後も身体機能は変化している。長めのS字フックなどを利用し、手の届く範囲にものを吊るせる（高さを下げる）工夫をしている（1）。

身体機能の低下で暮らし方が変わっても

入浴の方法は、車いすから移乗して浴槽を使う方法から、シャワー浴やリフターの使用まで想定、対応できる工夫をしている。

身体機能の低下により到達範囲が狭くなるだけでなく、動作も緩慢になる。以前は電話や来客時のインターホンに即座に対応できたが、それが困難になっている。Sさんは必要なものはカバンに入れて手元に置くなど、生活の工夫をしている（2）。

1 洗濯物干しに手が届かないのでS字フックを利用

2 ベッドや車いすなど、Sさんはつねに身近に電話やインターホン子機などを入れたカバンを置いている

事後的対応としての住宅改修

住宅改修では、構造に関わる部分での対応や屋内外のレベル差に対応することは難しく、生活の工夫を加味した対応となる。

身体機能の変化に対応できる、住まいの基礎体力

身体機能の低下に対応するには、浴室の例のように壁の補強やスペースの確保が必要となる。そのためには、その際の動作を細かく検討する必要がある。

進行性疾患の場合には、改修時の使いやすさのみでは設計できない。経年変化による身体機能の変化にどのように対応するのか、医療の専門家、つまり主治医や作業療法士（OT）・理学療法士（PT）とチームを組むべきである。そして、住まい手とラポール（信頼関係）の形成ができるまで時間と手間をかけたい。とくに着脱動作を伴う入浴や排せつなどの設計を行う際には、このラポールの形成は重要である。

自分らしく、くつろげる家に住み続ける

入浴ができる・排せつができることは、人の営みとしての基本である。これが達成できたからよしとせず、本人が大切にしたいものが維持できるデザインを目指したい。

本事例で行われた建築的配慮とその評価

	箇所	設計	計画時の意図	評価	理由
1回目改修	玄関	玄関スロープ設置と手すり	歩行可能な期間に利用するため	○	Sさんの利用期間は短かったが、できることをやれる環境であった
		玄関とEVの新設置	車いす利用になっても出入りするため	○	住戸内出入りに利用している
	トイレ	トイレ入口の変更 引戸に変更 床のかさ上げによる段差解消	車いすでも出入りできるようにするため	○	車いすでアプローチ可能な開口幅が確保されており、洋服の着脱動作が安全にできる環境を実現している
		トイレ手すり	便座の立ち座りを補助するため		
	洗面	洗面脱衣室の面積拡大 引き戸に変更 床のかさ上げによる段差解消	車いすでも出入りできるようにするため	○	車いすでアプローチ可能となった
	浴室	引戸に変更 床のかさ上げによる段差解消	出入りをしやすくするため	○	出入りができているため
		浴槽変更	安全に入れるようにするため	△	入浴中に溺れないようにするため、風呂の蓋を半分閉め、滑ってもすぐに手でつかまることができるよう工夫している
		浴室手すり	浴室内の立ち上がりと移動補助のため		
	廊下	有効幅員の拡大、床のかさ上げによる段差解消	車いすでも移動できるようにするため	△	構造材との関係で改修に制限があった
		手すり	歩行補助のため	○	移動に利用している
	LD	段差を解消して一体化 床のかさ上げによる段差解消	安全に利用できるようにするため	○	空間の利用バリエーションが広がり、車いすでも食堂にアプローチできるようになった
	台所	引戸に変更、床のかさ上げによる段差解消	車いすでも出入りできるようにするため	○	車いすでの出入りが可能となった
	居室	床材変更、床のかさ下げによる段差解消	就寝を布団からベッドにするため	○	ベッドが利用しやすくなった
	階段	踏面拡大、手すり	安全に階段昇降するため	○	安全な階段昇降ができる
	サンルーム	面積拡大	収納スペースを設けるため	○	収納スペースが増えた
		床のかさ上げによる段差解消	安全に利用できるようにするため		段差が解消され、車いすでも出入りできるようになっている
	EV	新設	車いすでも利用できるようにするため	○	すり足や車いすでも玄関アプローチ―1階―2階の移動ができるようになった
	トイレ	一体化 面積拡大 引戸に変更	車いすでも利用できるようにするため	○	車いすでもトイレに出入りすることができるスペースが確保されている
		手すり	便座の立ち座りを補助するため	○	Sさんと娘の2人が利用しやすい
	浴室	シャワー新設 一体化	寝室で、汗をかいてもすぐにシャワーを浴びることができるようにするため	○	現在は納戸として利用されているが、将来的に利用できる安心感が得られている
		手すり	移動補助のため	△	現在はまだ利用されていない
	廊下	有効幅員の拡大 面積の拡大	車いすでも利用できるようにするため	○	車いすで利用できるようになった
	寝室	一体化 面積の拡大	出入口を1つにし、車いすでも廊下から直線で入れるようにするため	○	車いすでのアプローチがしやすい
		引戸に変更 床のかさ上げ	車いすでも出入りできるようにするため	○	段差が解消され、車いすでも廊下から出入りがしやすいようになっている
	納戸	撤去	廊下面積拡大に伴い、面積の減った事務室と新設した浴室の面積を補うため	△	物の整理ができなくなっている部分がある
	事務室	用途変更 床のかさ下げ 床材変更	車いすでも出入りできる部屋とするため	○	廊下幅員との取り合いで面積が減少しているが、執務空間は確保できている
2回目改修	屋外動線	ウッドデッキの新設	簡単に洗濯物を干すための出入りをしたいが、つかまるところがないため	○	利用期間は短かったが、外に出やすくなっている
		サンルームの階段と手すり	物の受け取りを容易にするため	○	玄関までの住戸内移動に時間を要するSさんにとって、すぐに対応できると感じることができ安心感につながっている
		洋室の階段と手すり	来客への対応が室内からしやすくするため	○	

1章 事例2 暮らしを丁寧に深掘りし、住まい手のちからを引き出す新築家づくり

K邸

所在地：埼玉県／竣工年：2010年／家族構成：2人／設計監理：アトリエ ユニ／設計協力：橋本彼路子・小島直子／敷地面積：188.0㎡／建築面積：78.60㎡／延床面積：101.34㎡／構造：木造／階数：地上2階

住まい手との出会いから新築までの経緯

Kさんは、50歳代の男性。スポーツ事故で脊髄を損傷し、車いすを使用している。夫婦2人暮らしで2人とも仕事をしている。Kさんはスポーツ好きで上半身が強く、趣味はチェアスキーである。身体を鍛えているので、手動式車いすは難なく乗りこなすことができる。事故に遭ったのは新築して間もない頃。退院時には身体能力がどのくらい回復するか見通しが立たなかったため、本格的なバリアフリー改修は行わなかった。外から居間へ直接上がる段差解消機を設置し、トイレを拡幅して手すりを取り付け、Kさんのベッドだけを2階から1階に移動させた。多少の使いにくさはあったものの、生活のすべてを介助なしで行って10年間を過ごした。

Kさんは「いつかは車いすで快適に住むことのできる家を建てたい」と思っていた。バリアフリーの家で快適に暮らしている友人を訪ねたことがきっかけで、長年の夢に向かって大きな一歩を踏み出す決心をした。

図1 リビング・ダイニングのサッシを全開するとウッドデッキに続く

本事例の成り立ちと計画・設計のプロセス

初めての訪問

今回、設計の依頼を受けたとき、築後10年の住まいには、リフォームという選択肢もあるのではないかと考えた。しかしKさんの希望を聞くうちにリフォームでは解決の難しい問題があると感じた。その理由は、次のようなものであった。

・敷地いっぱいに家が建っているので、車いすで出入りできる玄関がつくりにくい
・陽が入りづらく暗い
・エレベーターを設置する場所がなく2階の寝室に行けない
・1階に夫婦の寝室をつくるには面積が足りない
・ユニットバスのため、入浴の準備、洗身、後片づけがしにくい
・収納が少なく、玄関に趣味のチェアスキーを置いていて片づけられない

また、住みながらの大規模改修は難しく、車いすで生活できる仮住まいを見つけることも容易ではない。このような状況からKさんは新たな土地を求めての住み替えを選択した。Kさんの第一の希望は、「家の内・外ともに、どこにでも車いすで行けること」だった。炊事・洗濯は妻がしているので、掃除は自分が受け持ちたいとのことだった。

土地探し

土地の条件は次の通りであった。

・土地勘のあるところ
・職場への通勤時間が夫婦とも変わらない場所
・道路との高低差が少ないこと
・家庭菜園ができること
・太陽エネルギーを活用するために、周囲に高い建物がないこと

はじめ、土地の候補は2ヵ所上がったものの、検討した結果、条件に合わず断念。その後、自宅からの通勤路で、南と東に道路のある比較的平坦な土地を見つけることができた。

敷地を読む

土地に関しては敷地の高低差、形状、道路や隣地の状況、交通量、光の入り方、風の向き、ごみ収集場所までの距離などを調べた。南道路の交通騒音の問題はあるものの、設計で解決できると考え購入をすすめた。

とくに道路面と敷地の高低差に注意した。道路から床面まで車いすでどのように入るかが重要なポイントになるためである。南側の道路は西に向かって緩やかな下り坂になっていて、東南の角では道路と敷地の高低差は300mmあるものの、西南の角は道路と敷地が同じ高さなので、門にすればいいと考えた。

また、土地は陽当りが良く、ソーラーパネルを設置するにも最適であった。風は東西の方向に吹いている。南道路にはイチョウ並木があり借景できると考えた。

要望を聞く

設計に先立ち住まい手の要望を聞く作業は最も重要であり、かつ難しい。しかしながら本事例では、Kさんはきちんと要望をまと

めていた。そこに書かれていた内容は次の通りであった。

a) 家の内外ともに車いすでどこにでもアクセスできること
b) 介助なしで日常生活を送れること
c) 冬暖かいこと
d) 湿気が少ないこと
e) 静かなこと
f) 光熱費が安くて済むこと
g) 駐車スペース2台分がとれること
h) 車から濡れずに屋内に入れること
i) 太陽エネルギーを活用した床暖房の設置
j) 犬を飼いたい
k) 家庭菜園をつくりたい
l) 書斎兼予備室がほしい

要望を聞いて考えたこと

「車いすに乗って生活していること」というのは、設計条件の1つでしかない。a) b) の要望は、当然のこととして設計のどの段階でも考えていくことになる。c) については、脊髄を損傷すると体温調節が難しかったり、下半身が冷えることがあるので、家中適温を保つということが重要になる。また、薄着で過ごすことができれば車いすの操作も楽になる。d) の湿気の問題は、体温調節や車いすのタイヤが床面を擦る音の軽減などに関係してくる。h) の雨の日の車から室内への移動は、傘がさせないため切実なことである。i) の太陽エネルギー活用は、家全体の温度を一定に保つための燃費軽減の良い方法である。家の向き、屋根のかけ方を考える。j) k) は、暮らしを豊かにする項目で大切にしたい。

いままで住んでいた家の問題点も加味して、住み心地の良い家を設計したいと思った。

要望の整理

要望をまとめて4つに分けてみた（図2）。1つ目は暮らしがなめらかに流れること（A）。2つ目は暮らしが快適に、楽しいものになること（B）。3つ目は、省エネルギー・経済性を重視すること（C）。これに日常・非日常の安全（D）を加えて設計の骨組とした。それぞれに将来の対応も考えておく必要がある。

「家の内・外ともに、どこにでも車いすで行ける」配置計画

配置計画では、まず道路面と敷地の高低差が最も少ない南西の角に門を設けることとした。敷地と道路の高低差が少ない分、玄関までのスロープの長さが短くて済む西側に玄関をつくることにした（図3③）。次に、駐車場の位置を考えた。歩道のある南側道路は交通量が多く縁石があり、自費で撤去する必要がある（図3①）。そこで、歩道がなく交通量も少ない東側道路に沿って駐車スペースを設けることとした。さらに、駐車スペースから雨に濡れずにエレベーターホールに入ることができるように屋根を設けることとした（図3④）。

車いす使用の住まい手の場合、建物完成と同時に外回りも完了していなければ、家のなかに入ることができない。そのため、道路から玄関までのスロープ、駐車スペースから勝手口へのアクセス、門扉の位置や形状、ポストの位置、エアコンの室外機や給湯器など、屋外に設置する機器類の配置を設計当初から考えておく必要がある。

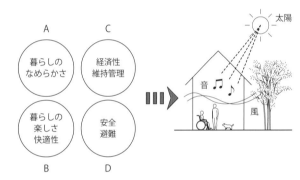

図2 設計の骨組と、それによって得られる環境

①歩道のある道路。幅10mで交通量は比較的多い。縁石がある

②太陽光集熱効率を上げるため、敷地に対して建物を西側に振っている

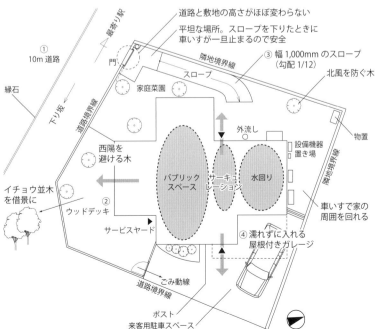

図3-A ゾーニング

③門から続くスロープ。勾配は1/12

④交通量の少ない幅4mの東側道路に屋根付き駐車スペースを計画

平面図で分かる設計のポイント

　日照、通風、音環境などを考慮しながら、リビング・ダイニング、キッチンなどのパブリックゾーンとプライベートゾーンを決めていく。トイレ、浴室、洗面所などのサニタリーゾーンは車いすの動き、動作を考えながら配置する。

　ざっくりとした空間構成ができたら、毎日の生活を詳しく聞き取り、生活の流れを把握し、その流れがなめらかになるようきめ細かに各ゾーンのなかでどう動くのかを確認する。これまで過ごしてきた住まいの問題点もチェックしながら各場所でのニーズ、たとえば浴室やトイレでの動作と手すり取付けの位置、置きたい家具などをプランに落とし込んでいく。

室内環境計画

　脊髄を損傷すると体温調節が困難になる場合があるため、室内の温度差が生じない計画が求められる。そこで暖房は、パッシ

⑦玄関の内と外での段差はない。屋外用車いすを置くためのスペースには電動車いす用にコンセントも設置。エレベーターからの動線を兼ねる。ホールに洗濯機置場をしつらえた

⑧書斎には2階の主寝室に行かずに着替えができるよう、車いすでも使いやすい収納をつくった

⑨浴槽に入るときや、浴槽内でつかまるためのL型手すり、妻が浴槽をまたいで入るための縦型手すりを設置

⑥リビング、ウッドデッキは段差のない全開サッシを採用。車いすで自由に行き来でき、バーベキューも気軽に楽しめる。避難経路としても有効。左の窓は床から80cmの位置にあり、車いすからも外が眺めやすい

⑩夫と妻各々が出入りする場所と身体を洗うスペースを設けてある。水栓カランは2人が使える位置に取り付けた

⑤電話を置くカウンター、コントロール盤のある壁。構造用丸柱はリハビリにも使う

⑪洗面器は動きやすさを考えて斜めアプローチ用の機種を選択。分電盤は低い位置に設置

⑰キッチンのシンク下にひざの入るペースを設けている

⑫手洗い器は尿器や汚れ物を洗えるように多目的シンクを選んだ。手すりは床固定の肘かけ手すりとI型の横型手すりを設置

⑯対面式のキッチンカウンター。足先が壁に当たらないようカウンター下の壁をくぼませる。車いすのままカウンターに近づける

図3-B　1階平面図（1/150）

⑮外壁と接するキッチンの物入れに郵便受けを設置。外に出ずに新聞や郵便物が取れる

⑭3ストップエレベーターは2方向に開口のあるタイプで、地盤面、1階、2階に停まる

⑬チェアスキー、冬タイヤを入れておく倉庫入口（写真はシャッターを閉じている）

ブソーラーシステムを利用した床暖房を1階に設置し、吹抜けを通して建物全体が同じ温度になるようにした（図3⑱）。夏は太陽熱を給湯に使えるため光熱費を低く抑えることができる。冷房はエアコンを使うが、風の通りを考えて窓を配置、断熱性能を上げることで、冷房を稼働する時間は短くて済むようにした。

リビング・ダイニング、キッチン

これらの場所では、「居心地の良さ」を一番に考えた。車いすで自由に動けるゆとりのある設計になっており、犬用大型ケージも置ける。構造上必要なリビング・ダイニング中央の柱は丸柱とし、角が傷つかないようにした。ストレッチポールを使ったリハビリを行うときに、身体を固定するためになくてはならない柱でもあるという（図3⑤）。

東と西面に窓をとり、風の通り道をつくった。窓台は800mmと低くして、車いすからも外が眺めやすくした（図3⑥）。

夫妻の希望で、リビング・ダイニングと一体化した予備室としても使える書斎を設けた。引戸を閉めれば客間として使え、将来寝室にすることもできる（図3⑧）。

リビング・ダイニングは、キッチンとも一体になっている。対面式のカウンターは車いすの足を乗せる部分（フットサポート）が入り込めるよう、壁の下のほうにスペースをつくり、足元を気にせずに車いすのままカウンターに近づけるようにした（図3⑯、図4）。カウンターの奥行は450mm。キッチンのシンク下には、ひざの入るペース（図3⑰）を設けた。

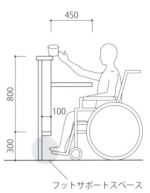

図4 キッチンカウンターの足元スペース

⑱家中の温度差をなくすための吹抜け空間をとることで、主寝室道路からの騒音緩和にも役立っている

⑲妻の好きなステンドグラスやレトロなペンダントで吹抜けを彩る

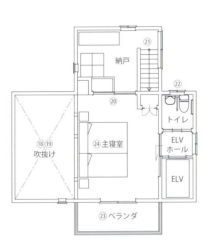

図3-C 2階平面図（1/150）

⑳主寝室クローゼットは、車いすから取り出しやすい位置にハンガーパイプ、棚などをつくった。納戸に置いた扉なしの既製棚を主寝室側から使っている。扉は納戸入口との引違いフラッシュ戸とした

㉔寝室はベッドを入れても車いすで自由に動ける広さとした。2方向に扉のあるエレベーターで1階と駐車場に出ることができる

㉓寝室に続くベランダは、災害時に救助を待つ場所。テラスにスノコを敷くことで2階床（寝室）との段差をなくした

㉑緩やかな階段に手すりを付ける。段鼻を見やすくするため、黒の幅9mmのスポンジを埋め込む。手すり子には、お気に入りのボーダータイルを埋め込んだ

㉒便器両脇に手すりを設置。床付け手すりは可動式。左は手すりを上げたところ、右は手すりを下げたところ。床の取付け部分を回転させることで左右にも動かせる

トイレ

将来、加齢により介護が必要になったときは、脱衣室との間仕切りを外して1室にすることも想定し、使い勝手を調整できるようにした（図3㉘）。

脊髄を損傷すると排せつに時間がかかるため、脱衣室にエアコンを設置し、隣のトイレにも冷風が流れるよう、間仕切壁に欄間を設けた。

水回りの器具は下地が必要なため、設計の早い時期から選定を進めた。便器は、男性も座って小用を足すことに配慮し、一般的なものより20mmほど長い製品を選択した。手洗い器は尿器や汚れ物を洗えるよう、多目的シンクとした（図3⑫）。

車いすから便座に移るときに使う横型手すりは、「今まで使っていた木製の手すりを新居でも使いたい」という希望を受け、これまで使っていたものを1階トイレに設置した。さらに1階と2階のトイレに、便座での姿勢を保持するための可動手すりを新しく取り付けた。

洗面・脱衣室

洗面・脱衣室の特徴は、建築工事としてつくる部分と既製家具を組み合わせたことにある。既製家具は、通常テレビなどを置く家具として販売されていたものである（図3㉖）。車いすと同じ高さの450mmで引出しや棚がついているので、タオルや下着を入れておくことができる。既製品を使うことで費用を抑えることができた。Kさんは、車いすからこの台に横移りして、ここで服を脱ぎ着して直接洗い場へ入る（図5）。

洗面器は車いす用に開発された既製品（図3⑪）。斜めにアプローチすることができるので、車いすでも洗面台の縁まで楽に近づけるデザインである。水栓の位置も使い勝手に大きく関係してくる。一般的な洗面器は、水栓カランの位置が決まっているが、この洗面器は位置を選べるので、手の届く場所に付けることができた。洗面器の横に分電盤を取り付け、車いすでも簡単に操作できるようにした。

㉕サッシの枠に取り付けた水栓カラン

㉙開閉にスペースをとらない引込み戸（幅は825mm）

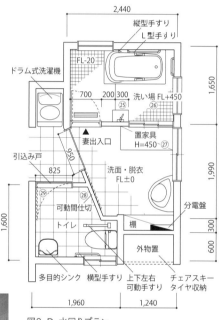
図3-D 水回りプラン

㉘トイレは欄間で、脱衣室とつながっている。間仕切壁は簡単に外せるパネル構造で、取り外せば脱衣洗面室と1室になる。

㉖脱衣室から浴室へのアプローチ。写真中央にあるのは既製品のテレビボード

㉗既製品のテレビボードを脱衣場（台）に転用（写真手前、ビニールマットの下）。車いすからここに身体を移して脱衣して直接浴室の洗い場へ。洗い場と台の高さを揃えた（高さ450mm）。

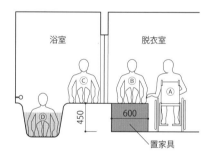
Ⓐ移乗台と平行に車いすを横付けにする
Ⓑ移乗台に乗り移るときに壁を背にする
Ⓒ洗い場に横向きのまま移動する
Ⓓ浴槽縁の手すりにつかまってバスタブに入る

図5 入浴方法

浴室

身体は、床から450mmの高さの洗い場で洗う（図3㉖）。そこから上半身（腕）の力だけで浴槽へ移らなくてはならないので、安全な移動ができるように、手すりを3カ所設置した（図3⑨）。浴槽脇のL型手すりは、入浴中につかまって身体を支える役割もある。

妻は、Kさんとは別の入口から浴室に入り、床の下がった部分（FL-20）で身体を洗う。水栓カランはどちらからも使用できるように、アルミサッシの枠に取り付けた（図3⑩㉕）。浴槽には短か手方向から入る。そのため、縦型手すりを設置（図3⑨）。

Kさんは、車いすで浴室の掃除をするので、脱衣室と同じ床面からも車いすで入れるようアルミ扉の開口幅を700mm幅とし段差もなくした。

床材

床材については、車いすの操行時に擦れる音がしないように、あらかじめ見本を数種類取り寄せて実際に試し、その結果、3種類の床材を使うことにした。

リビング・ダイニングでは、床暖房対応のカラマツの無垢材とした。トイレにはビニールシートを選び、玄関・水回りには、水濡れや汚れに対応できるようにタイルを選択した（床暖房対応）。

スイッチ・コンセント

スイッチやコンセントは、車いすの動線や使いやすさを考えて位置を決めた。スイッチの高さは、一般よりも低めの1100mmである。コンセントの高さは床から400mmとした。インターホンや給湯器のコントロール盤、パソコンや電話など、コンセントが必要な場所はたくさんあり、使う器具によって高さや位置を決めている。

プレゼンテーション

家のイメージをつかんでもらうために、平面図、立面図、断面図、展開図を作成した段階で模型をつくった(図6)。1階と2階に分解できるので、それぞれの階の様子が分かる。敷地に置いてみれば、実際の光の入り方や風の道も想像できる。また、CGによる動画も作成し、車いすの目線で動いてみた感じを見てもらった(図7)。

ショールームでのチェックは重要

トイレや浴槽、キッチンなどの設備機器選びでは、できるだけショールームに行き、実際に試してもらった(図8)。メーカーにより寸法や形状に微妙な違いがあるため、とくに衛生設備機器は、何店ものショールームを回り、念入りに選んだ。

工事中の対応

地鎮祭ではKさんが列席できるように、地面に合板を敷きつめた。また上棟して床ができてからは、工務店の配慮により仮設のスロープを設け(図9)、現場をいつでも見ることができるようにした。洗面器やカウンターなどの高さは、合板や段ボールを使ってKさんに実際に動作をしてもらう作業を繰り返した(図10)。自宅と現場が近いので、Kさん夫妻は毎日工事の様子を見て、工期の5カ月、完成を楽しみにしていた。エレベーターは最後の段階で取り付けるので、2階の様子はカメラで撮影してKさんに確認してもらった。

入居後のエピソード

Kさんは、1月に入居して1週間たって肩こりがなくなったことに気づいたという。以前住んでいた住宅は寒かったので身体が自然と硬くなり、肩こりがひどかったそうだ。家中が暖かいおかげで、身体にも良い影響が出ている。その後、Kさん夫妻は念願の犬を飼い、野菜づくりに励んでいる。

竣工から6年が経過した(2016年現在)。Kさんは設計当初から理想としていた暮らしが実現しているという。この家に住み始めて半年後からリハビリテーションに励み、いまでは食卓の横の壁に取り付けたバーにつかまって立つことができるようになった。歩くことを目標にしてがんばっている。ステンドグラスや寝室ペンダントライト、好みのタイルなどを選びに行ったことが印象に残っていると語った。

生活が豊かになり、とても楽しそうな夫妻を拝見していると、住まい手のちからを引き出すデザインというものを実感する。

図6 模型。屋根部分を外すと1・2階のプランが見られる

図7 CG画像。東側道路からの外観

図8 ショールームで実際に使い勝手を試してみる

図9 仮設スロープ

図10 動作確認。サッシのクレセントの開閉、ブラインドの操作などができるか確認

本事例で行われた建築的配慮とその評価

箇所	設計	計画時の意図	評価	理由
敷地に対する建物の配置	家の向き。庭のとり方。物置の位置。室外機などの位置	車いすでどこでも行けるよう設計当初より外構計画を考える	○	それぞれのスペースに目的があり、その機能を果たしている
アプローチ	スロープ/駐車場からのアクセス	ゆるやかなスロープ。駐車場から濡れずに行ける	○	エレベーターを利用して2階寝室からも直接駐車場に出ることができる
間取り	生活動線。避難動線	車いすでの動きに配慮	○	動きよく対応している
避難路	1階3カ所、2階1カ所(ベランダ)	車いすで外に出るルートの確保	○	非常時への対応が確実
陽当たり・風通し	家の向き、窓の位置・大きさ	太陽熱や風を利用し、消費エネルギーを少なくする	○	開放的で明るい。燃料費が安い
暖房	ソーラーシステム	温度差をなくす	○	薄着でいられる(灯油代年間2万円程度)
冷房	断熱材を十分に入れる	直接風が入らないように工夫	○	2階の冷房をつけると1階も涼しい
仕上材	タイル・フローリング	車いすの走行性、足触り	○	掃除がしやすい、色合いがよい
建具	アルミサッシ	開閉のしやすさ	○	縦滑り出し窓の操作性がよい
リビング・ダイニング	広さ・快適性	車いすでゆったり動ける	○	犬用大型ケージが置ける
トイレ	広さ、扉、衛生器具、手すり	車いすでの使用がしやすい	○	床付け手すりが使いやすい
浴室	広さ、扉、衛生器具、手すり	座位、立位に対応した2種類の入り方	○	機能的で掃除もしやすい
寝室	広さ、快適性	安眠できる環境	○	騒音が気にならない
コンセント・スイッチ類	位置、形態	車いすから届きやすい	○	配置、高さ、個数が適切

1章 事例3 自閉症児・者にとっての環境整備 基本的な考え方

自閉症と環境

　自閉症は、知的能力に障害のある知的障害と異なり、脳機能の障害により生じる社会性の発達の乱れであり、独特の知覚・認知がある。知的障害を伴う自閉症児・者もいれば、知的障害がない自閉症児・者（アスペルガー症候群）もいて、その程度の幅は大きく、近年では自閉（症）スペクトラムという上位の枠組みに統一されようとしている。なお、強度行動障害は生来の障害ではなく、適切な環境で適切な支援を受けられなかったために下記の行動などが強く出てきた2次的障害であり、支援によって軽減することは可能である。

　自閉症児・者のなかには、飛び出し、水遊び、壁をたたく、壁紙をはがす、器物の破損、自傷・他傷という行動がみられる。これらの行動には、環境に対して何かストレスを抱えたときにいたたまれなくなって生じる行為もあり、環境への適応が上手くできていない行動であると考えられる。そこで、自閉症児・者の障害特性を理解して環境を整え、自宅、学校や施設でも安心して過ごすことができるようにする必要がある。

特性に配慮した環境整備の方針

　自閉症児・者の知覚・認知の特徴から、環境整備の基本的な方針を簡単にまとめる。

■知覚・認知の特徴[1]
1　知覚の雑音の除去ができない
2　認知したモノ・コトに執着する

■環境整備の基本方針
1　環境の情報をコントロールする
2　時間・空間上のモノ・コトを並べる

　「知覚の雑音の除去ができない」とは、健常者は普段、自分が欲している情報だけを取り出すことができるが、自閉症児・者はそれが困難であるということを意味する。すなわち自閉症児・者の「聴覚」では、拾いたい音と拾いたくない音（雑音）が均質に聞こえて、拾いたい音が拾えない状況が生じることがある。健常者は周囲が騒がしいなかでも聞きたい相手の声を聞き取ることができるが、自閉症児・者にはそれが困難になる。まちなかで自閉症児・者がイヤーマフと呼ばれる、大きな音が出る工場や工事現

図1　スイッチが見えるとそれが気になってしまう、またスイッチを押すと機械が動くという即時反応に興味をとられてしまうため、不要なスイッチ類を布で隠す（じらふ住吉）

図2　1室に10人ほどが作業するので、作業の集中と安心を得ることができるよう個人の領域を設け、手作りの仕切りを製作して環境の情報を視覚的に遮断する（ジョブサイトよど）

図3　視覚的に情報を遮断しなくても食事できる人は中央のテーブルに座り、情報を遮断する必要がある人は仕切りを使う。それぞれの程度に合わせて仕切りの段階を変えている（ライフゆう）

図4　棚板だけでは各食器をどこに置けばよいのかという情報が伝わらないため、具体的に置く位置を指定する（ライフゆう）

場などで使われている道具を耳に当てて歩いている姿を見かけるだろう。これを装着することによって周囲の音を遮断し、聴覚に入る不要な情報を低減し、必要な情報だけを取り出している。

同様に「視覚」では、目に入る情報（たとえば室内にあるさまざまな物だけでなく物を構成する部品など）がすべて均質に入ってきてしまう。その結果、視覚の情報が過多になり、いまこの場で自分が必要な情報を見つけ出せずに混乱してしまう（図1）。とくに自閉症児・者は視覚優位の傾向にあるので配慮する。

そこで環境整備として、自閉症児・者がある場所で、ある行為をするとき、視覚・聴覚の面で必要な情報だけを提示し、その場所でその行為をするのに不要な情報を排除するという具合に「環境の情報をコントロールする」ことが必要になる（図2〜5）。

また、人も環境を構成するひとつの情報（たとえば声や動き）であるので、混乱するのであれば、自閉症児・者が他人とともに過ごすときに配慮する。場所と行為を1対1対応にすることが望ましいが、時間によって環境の情報をコントロールすることができれば、ひとつの場所で複数の行為をすることも可能である。

「認知したモノ・コトに執着する」とは、「いま」にとらわれて、数分後の「未来」でさえも見通しがつけられないこと、ひとつのモノ・コトに集中してしまい複数のコトができなくなることである。健常者の認知は細部よりも全体が優先される傾向をもつ。一方、自閉症児・者の認知は細部のほうの処理が優先されて（図6）、全体的な処理が非常に苦手なので、時間・空間上のモノ・コト全体の枠組みを理解することは困難である。これができないと、つねに見通しを立て次を予測しながら生活することや、同時にコトを進めることが困難になる。

健常者は「このペースで食事をしていると次の予定に遅れる」「この列に並んで待てばいいのだろう」といった具合にこれまでの経験をふまえて時間的・空間的にモノ・コトの見通しをつけながら生活を送っている。つまり全体の枠組みから細部のモノ・コトを構成している。一方、自閉症児・者はこれまでの経験の積み上げや応用が難しく、細部のモノ・コトの関係性を理解するのが困難である。

そこで「時間・空間上のモノ・コトを並べる」ことが必要になる。いつ始めて・どこで・何をしていつ終わるのか、ここで何が起きるのかの見通しをつけるために、時間上のモノ・コトをシンプルに整理して視覚的に並べることが必要になる（図7）。次に、空間のモノ・コトを並べることは、動線を整理して一方通行にすることや関連するモノ・コトをグルーピングして順序立てを行うことである（図8）。

以上、自閉症児・者の障害特性とそれに応える環境整備の基本的な考え方を紹介した。何が本人に合うか個人差があるので、できることからトライし、そして失敗すること（トライアンドエラー）を繰り返しながら最適な環境整備を行う必要がある。

図5 流れる水にとらわれてしまいトイレに長居するので、タンク上部の水の流れを隠す（札幌市自閉症者自立支援センターゆい）

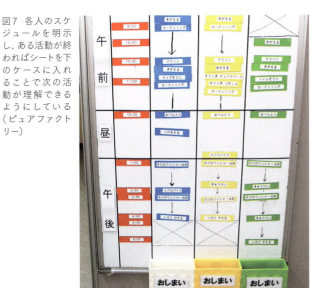

図7 各人のスケジュールを明示し、ある活動が終わればシートを下のケースに入れることで次の活動が理解できるようにしている（ピュアファクトリー）

図6 細部のつなぎ目から壁紙をめくり始め、めくれることでさらに壁紙をめくることを繰り返した結果、拡大した壁紙のはがれ（じらふ住吉）

図8 左側の棚の上からトレイを取って、軽作業をする。それができれば右側の棚にトレイを置いて終了し、再び左側の上から2つ目の棚のトレイを取る。すべて一方通行にモノを並べる（ライフゆう）

1章 事例3 場所と行為の徹底した対応によって、過ごしやすさを生み出す住宅改修

N邸

所在地：大阪府／改修工事：2008年頃／家族構成：3人／構造：木造／階数：地上2階

本事例の概要

N邸は、自閉症かつ重度知的障害を抱える女性の住宅改修を行った事例である。木造2階建ての住宅に、Nさん（21歳女性、取材当時）と家族は暮らしている。Nさんの母親は、療育（主に発達障害支援を行う通所施設）の先生から自閉症児・者が安心して過ごすことができる環境整備についてレクチャーを受けて、本人が安心して過ごすことができるよう工務店に住宅改修を依頼した。また、家具などの配置は母親がNさんの過ごし方を見てそのつど変更している。

本事例の建築的配慮は必ずしも自閉症児・者に共通して求められるわけではなく、本人の状況によって程度を調整する必要がある。

本事例での基本的な配慮事項

ゾーニングと動線の整理

- 迷うことなくどこで何をするのかが分かるよう、動線を整理した。個室は玄関の前に設け、玄関横の室を専用トイレに改修し動線を集約した。その結果、外出から帰宅後、視覚的刺激物がなくまっすぐ個室に入り、帰宅後の作業（スケジュールの確認、手洗い、着替え）が行えるようになった。
- Nさんの個室は、もとは小さい頃から気に入っていたリビング（約15畳）だったところに間仕切壁を設けて、9畳の洋室に改修した。この改修は、新しい環境での馴染みやすさに配慮したものである。

行為と場所の1対1対応

- 個室内は、行為と場所を1対1に対応させ、各行為専用の家具をしつらえ、パーティションなどで仕切っている。
- いつ、何をするのかを示すために「トランジションエリア」を設置し、ある行為が終わればそこで次の行為をそのつど確認し、場面の切替えをできるようにした。

不要な情報を隠すことと、必要な情報の提示

- 視界に入った物（視覚的刺激物）に気を取られずに目的の行為を果たすため、不要な物は収納にしまうこと、視界に入らないようパーティションで仕切ることを行った（図1）。
- 食事や入浴など行為の手順が分かるように、家具や道具の配置を工夫し、最初から最後まで自分でできるようにした（図2、7）。

壁の仕上げ

- 何度も壁紙のつなぎ目部分から壁紙をはがしてきたので、壁紙をはがしにくいものにすること、壁を汚しても拭き取りやすいことを目的に、玄関・廊下・個室・トイレには仕上げ材として木板を張り付けた（図3）。
- この試みも一時問題はなかったが、あるとき何かの拍子に仕上げ材の木板がはがせることを知ると、すべての木板をはがし、さらに下地の合板もはがしてしまった。

図1 パーティションで仕切られた個室。寝る・食べる・着替える・鑑賞するなど目的ごとに場所を仕切り、目的に不要な情報の除去と必要な情報の提示を行う

図2 個室の食事場所。写真は、鍵付きでなかの様子が見えないごみ箱。嫌いな食べ物を捨てても、ごみをあさることのないようごみ箱のなかが見えない（視界に入らない）ようにしている

図3 個室の壁の仕上げ。細部が気になるので、つなぎ目をめくられないように木板を張り付けた

平面図で分かる設計のポイント

全体構成

1階ですべての生活が完結するよう、Nさんの部屋は玄関の前に設け、玄関横の室を専用トイレに改修し、生活領域をコンパクトにした（図4、5）。Nさんが活動する領域とそれ以外を明確に分け、Nさんが利用しないところは普段から出入りできないよう鍵をかけるようにした。浴室だけは見守る人がいるときに入浴するため、見守る人が鍵を開けている。

トイレ

トイレに嫌な物（食べ物に限らず、自分が不快に感じる物）を流す行動がみられたこと、以前、トイレの自立訓練で母親が厳しくしつけたため、Nさんにとってトイレがとても嫌な場所になってしまったこと、洋式便器では用を足すときの「座る」姿勢に問題があったことから、納戸として使っていた室をNさん専用のトイレ（和式）に改修した（図6）。

水回り

Nさんは水へのこだわりが強く、不安や混乱があると水を長時間流し続けて、規則正しく流れる水の感触や光の反射で安心感を得ていた。また幼い頃、台所など蛇口があるところで水遊びを続けていたので蛇口の栓をNさん以外の家族が管理していた。そのため改修では浴室・キッチンに鍵をかけるようにして、入浴以外のときは入れないようにした。

図4 1階平面図（1/100）

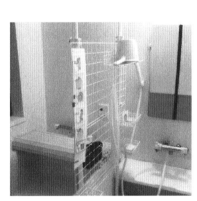

図7 浴室。浴槽と洗い場を仕切り、湯に浸かるところと身体を洗うところを分けた。イラストで手順を示して必要な道具を置いている

図5 個室前の自立課題コーナー。壁に向かって座り作業に集中できる。また机の左の棚に、取り組む課題の入った籠を上から順に入れ、机の右の台に終わった課題を置く

図6 Nさん専用和式トイレ。この便器は、水の流れが見えないことで水遊びと嫌な物を捨てることを防ぐことができる

Design Focus | 行為と場所の1対1対応が徹底された個室のしつらえ

　9畳の個室でNさんがどのように過ごすのかを試行錯誤した結果、1つの場所で複数の行為をする混乱をなくし、作業空間が狭くても行為に必要な環境の情報だけに制限して行為と場所を1対1対応にすることで落ち着いて過ごすことができるようにした。

1 流し台とプッシュ式の蛇口を設置している。水へのこだわりが強く、自由に使える蛇口はここだけにしている

2 着替え場所には水色のマットを敷いて、この範囲で着替えることを示している

3 ベッド回りは左に窓があるが、板を張りカーテンを閉めて外からの刺激を遮断している

4 食器はこのラックに左側から入れる（写真奥）。ラックの下段には着替えの籠を置いている。上部に食器片づけの写真を貼り付けている

5 各行為の場所が明確に分かるようマットを敷き、その行為に関係のない視覚刺激物が目に入らないようパーティションで仕切っている

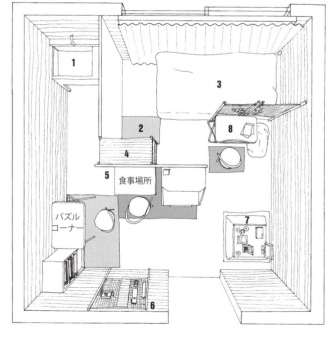

個室俯瞰図

6 スケジュールボードとトランジションエリア。1日のスケジュールを明示している。「いつからいつまで」「どこで」「誰と」「何を」するのか見通しがつくようにするためである。ある行為が終われば次の行為をそのつど確認して場面の切替えができる

7 好きな映像をDVDで観賞する

8 セロハンテープをぐるぐる巻きにして大きくしていくことが好きで、「創作活動」としている

Nさんの行動に配慮したさまざまな支援

異食への対応

　Nさんには嫌な物（食べ物に限らない）やいらない物が目に見えていることが不快なため、口のなかに入れて視界から消す行動があった。また、それらをごみ箱に捨てても、ごみ箱のなかが視界に入ることが不快であるため、ごみ箱をあさっては口のなかに入れていた。その配慮として、鍵付きで中身が見えない特注のごみ箱をトイレの窓に面して設けた。それまでトイレに嫌な物を捨てて流そうとしてトイレを詰まらせることがたびたびあったので、トイレの窓から捨てるしくみとした（図8）。そして母親はNさんに「ごみ箱に捨てたらおしまい」ということを理解してもらうため、正しい方法でごみ箱に捨てることができれば、創作活動に使う好きなセロハンテープをご褒美にあげることとした（Design Focus 8）。この訓練は実り、ごみ箱に捨てることができるようになった。また、個室の食事机の横にも、同様の鍵付きで中身が見えないごみ箱を置き、嫌いな食べ物を捨ててもごみ箱のなかを見ることができず視界に入らないようにした。その結果、ごみ箱のなかをあさることはなくなったが、今度は食器をごみ箱に捨てるようになった。これは食事が終わった後、食器をどうすればいいのか分からないためであり、食器をどこに片づければいいのか分かるよう片づけ場所をスチールラックに設け、片づけ方の写真を貼り付けて視覚的に理解できるようにした。

水へのこだわり

　Nさんは水が好きなのに自由に使えないことで、余計にストレスを抱えることになるので、代わりに個室に流し台とプッシュ式の水栓を設置し、自由に使えるようにした。プッシュ式にすることで水の出しっぱなしは解消されつつある。プッシュ式の場合、「○回プッシュすれば水遊びは終わる」という見通しをつけ、回数制限を行うことで水の使い方のコントロールが可能になる。

ガラスで遊ぶ

　ガラスを見ると、ガラスに自分が映ることに集中し、ほかのことができなくなる。そのため、ガラスはすべて隠している。居室の窓ガラスには板を取り付け、天井から吊したカーテンで隠している。また浴室（ユニットバス）にある鏡や窓ガラスは、プラスチックボードで隠している。

スケジュールの支援

　スケジュールボードを個室入口横の壁に設置している。1日のスケジュールだけでなく月のスケジュールもカードをクリップで貼り付けて提示している。時間の概念が理解できないため、スケジュールは行為をリストアップして示し、1週間を通してできるだけ同じスケジュールを示している。スケジュールの提示もイラストと単語で行っている。また本人のスケジュールだけでなく家族のスケジュールも提示して安心感につなげている。

図8　左：トイレの窓に面したごみ箱。上：トイレから見たごみ箱

本事例で行われた建築的配慮とその評価

箇所	設計	計画時の意図	評価	理由
個室	行為と場所の1対1対応ができる広さの確保	睡眠、食事、着替え、余暇が行えるようパーティションで、場所を区切る	○	自室のどこで何をするのか明確になり、本人が行いたいことができるようになった
トイレ	洋式便器から和式便器に変更	嫌な洋式便器をなくし、かつ姿勢を保持する	○	自立して排せつできるようになった
浴室	間仕切りの設置、鏡を隠す、手順の掲示	細かな行為が多いため何をすべきか理解してもらい、水遊びと鏡に没頭しない	○	入浴に集中できるようになった
トイレのごみ箱	トイレの窓に接して中身が見えないごみ箱を設置	嫌な物を便器に流したり、嫌な物や不要な物を窓から放り投げたりすることの代替	○	訓練した結果（ご褒美に好きなセロハンテープを与える）、ごみ箱に捨てることができるようになった
壁仕上げ	クロス張りから板張りに変更	壁紙のつなぎ目をなくし、めくりにくくする	△	何かの拍子で板がはがせることが分かるとはがし始めた
個室の流し台とプッシュ式水栓	水を流して気持ちを落ち着かせる	ほかの水回りは施錠しているので、個室ではプッシュ式水栓にしてこだわりのある水が使えないストレスをなくす	○	プッシュ式のため流しっぱなしはなくなり、見通しをつけ、回数制限ができた

1章 事例4　階段室型公営住宅でのバリアフリー改修の試み

兵庫県営住宅

所在地：兵庫県／竣工年：1976年／改修年：2012年3月／団地規模：9棟・270戸／改修住戸面積：54.7㎡／構造：鉄筋コンクリート造・壁式構造／階数：階段室型住棟・地上5階

図1　バルコニー側に新設された共用外廊下から見た車いす使用者対応住戸

図2　改修前の様子

図3　改修後の様子

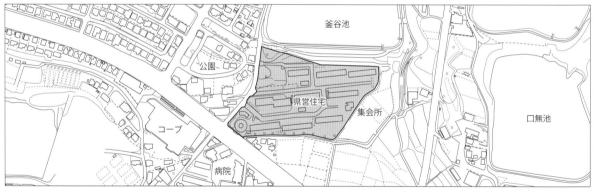

図4　周辺の概要

本事例の概要

A団地は兵庫県明石市に位置し、2011年度の改修事業の実施時点で築後37年の兵庫県営住宅（以下、県営住宅）である。各階段室へのエレベーター設置と外壁補修工事が予定されていた住棟の1階に2戸の空き住戸があったため、既存公営住宅のバリアフリー改修を今後展開するためのモデル事業の対象となり、1階住戸までの階段数段分の段差解消と住戸内の改修工事が行われた（図1～3）。

公営住宅は賃貸であるため、入居者を事前に想定できない。多様なニーズが予想される車いす使用者が暮らしやすい住環境を実現するため、共通するニーズへの対応に加えて、入居者ごとの個別ニーズに応じて入居後に手すりなどを追加カスタマイズできるよう配慮して設計されている。

周辺地域

A団地の周辺は、戸建住宅と小規模な集合住宅が建ち、田畑や溜め池も残る静かな地域である。A団地は最寄りの鉄道駅よりバスで数分の立地である。起伏のある地形に沿って建てられており、敷地内には高低差が存在する（図4）。

1階住戸までの地盤面との高低差は、敷地の起伏も含めて1.6m程度と比較的大きく、この高さをスロープで解消する必要があった。

改修前は、南側のバルコニー前に若干の植栽と芝生があったが、車いす対応のために新設された共用外廊下とスロープにより緑は撤去された。これらを設置して残ったスペースは、車いす使用者をはじめ地域住民の憩える楽しい空間になるような検討が、今後期待される。

本事例の改修の経緯

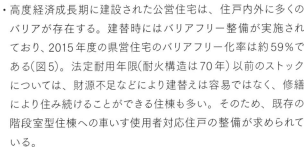

図5 兵庫県営住宅の住戸数とバリアフリー住戸数・率

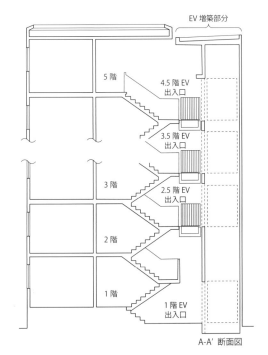

図6 階段室型住棟へのエレベーター設置例

県営住宅の空き家率とバリアフリー整備状況

- 高齢化の進行とともに障害者数も増加しており、バリアフリーへのニーズは増大している。2015年度の県営住宅入居者の高齢化率は約53％である。高齢者・障害者などは民間の賃貸住宅では入居制限を受けやすく、公営住宅はこれらの住宅確保要配慮者のセーフティネットの中核を担っている。
- 高度経済成長期に建設された公営住宅は、住戸内外に多くのバリアが存在する。建替時にはバリアフリー整備が実施されており、2015年度の県営住宅のバリアフリー化率は約59％である(図5)。法定耐用年限(耐火構造は70年)以前のストックについては、財源不足などにより建替えは容易ではなく、修繕により住み続けることができる住棟も多い。そのため、既存の階段室型住棟への車いす使用者対応住戸の整備が求められている。

段差を解消できない階段室型住棟のバリアフリー整備の難しさ

- 階段室型住棟は、図6のように階段室を挟んで両側に住戸がある。1階住戸の玄関は、階段を数段上った踊り場に面しており、1階でも階段を上る必要がある。
- 各階段室にエレベーターを1基設置した場合、階段室の踊り場に着床するため、住戸玄関までは構造上必ず半階分の段差が残る。
- 階段室型住棟の各階へのアクセスをバリアフリーにするためには、各階のバルコニー側に共用外廊下とエレベーターを新設する必要がある。

兵庫県のモデル事業による車いす対応住戸への既存改修

- 兵庫県は、2011年度のモデル事業により、既存の階段室型住棟1階住戸へのアクセスの完全バリアフリー化と、1階の空き住戸を車いす使用者対応住戸とする改修を実施した。
- 障害や加齢により身体機能が低下した人の住環境整備は、本人のニーズや直面するバリアにきめ細かく対応した整備が基本であるが、公営住宅では入居者の特定が不可能である。そこで、車いす使用者に対応するための基本的な項目(段差解消や必要な動作空間の確保など)を事前に整備する手法が採用された。手すりの追加や浴室内リフトなどの福祉機器の導入は、将来、実際の居住者のニーズに合わせて、住まい手自身が行い、暮らしやすくカスタマイズできることが想定されている。
- 改修案の検討では、車いす使用者、杖使用者、まひの有無などの想定ごとに、トイレ・浴室などでの動作パターンを理学療法士(PT)・作業療法士(OT)・障害当事者に検証してもらいながら、可能な限り多くのパターンに対応できるよう考慮した。参加いただけない障害当事者の検証については、PT・OTによる擬似動作で行った。表1に、主に移乗動作・介助動作での検証内容を示す。
- 屋内と外出時など屋外での移動手段(杖、自走車いす、電動車いすなど)が異なることは多くあるので、どこでどのような移動手段に変えるのかを検討した(図7)。

表1 対象者の想定と検証内容（一部抜粋）

トイレ	車いす使用者の移乗パターンの類型化と必要なスペースの確保
	車いす使用者が着脱衣するために、便器両側に身体を倒すスペースの確保
	便器座面高さを410mmとし、必要に応じて高さ調整を行う
	シャワーチェアでのトイレ利用を行うためのスペースの確保
	片まひ者（右まひ・左まひ）のトイレ動作（介助動作・スペースと手すり利用）のスペースの確保
	加齢・虚弱などによる身体機能の低下した生活者に対応する介助者の動作と必要スペースの確保
浴室	浴室内リフトの設置の準備と利用（介助）スペースの確保
	シャワーチェアを利用した場合の介助者による洗体動作（介助スペースの確保とシャワー・水栓位置の確認）
	シャワーチェアからバスボードを利用した浴槽への出入り動作スペースの確保
	浴室内への洗体台の設置スペースの確保。洗体台上での水栓使用のため浴槽縁高さより水栓を高い位置に設置
	片まひ者（右まひ・左まひ）での入浴動作、移乗用のいすの活用スペースの確保
	浴槽出入りの介助動作（長辺側・短辺側（背もたれ側））スペースの確保
	浴槽内での身体保持、浴槽内からの出入り動作の確認・手すり設置（設置準備）
玄関	片まひ者がベンチに腰かけて装具着脱動作を行うスペースの確保
	屋外用車いすを置いても家族の玄関利用が可能なスペースの確保

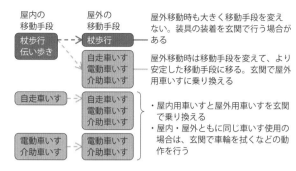

図7 屋内外の移動手段の検討

平面図で分かる設計のポイント

改修の方針

モデル事業として多様な可能性を探る機会とするため、現行の住戸条件で検討した結果、図9、10の2タイプに集約された。

2タイプの違いはキッチンと洋室の取り方にあり、住まい方の差異となる。その他の出入口や水回りは、撤去できない構造壁の位置・必要な動作スペース確保・配管スペースの条件から限定されたため、2住戸共通となった。

2タイプに共通の工夫

既存住棟の住戸プラン（3DK・54.7㎡、図8）のように小さく部屋が仕切られると、家具などの設置により車いすの動作スペースの確保が困難となる。小さく仕切って部屋数を確保するより、家具配置や動作スペースを考慮してできるだけ広い一室空間の確保を優先した。

本事例は壁式構造のため、住戸内の構造壁は残す条件で計画されている。

プラン1（LDK一体型タイプ、図9）

既存住戸北側の和室と洋室をワンルーム化した空間にキッチンを移動し、十分な広さのLDKとしている。

南側の洋室を寝室とすると、日中の生活の場と寝室を分離した暮らしが可能である。2人暮らしの場合は、洋室にベッド2台の設置は空間的に厳しいため、プラン2を推奨する。

プラン2（DK独立タイプ、図10）

南側の部屋をダイニングキッチン（DK）としたプランである。北側はワンルーム化により確保した広い空間をリビング兼洋室とする。ベッド2台を北側の部屋に置くことが可能なので、食事と寝室を分離した暮らしが可能である。DKとリビング間にも扉を設置している。

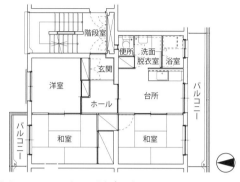

図8 既存住戸の平面図／54.7㎡（1/200）

個室減少の対応として、広くした部屋を簡易的に仕切ることができるように、天井に仕切り取付け用の木枠を設置。ベッド上で過ごす時間が長い住まい手の場合、どの空間で家族と一緒に過ごすのかを検討する。ここに引分戸を設けることで、就寝時やベッドで1人で過ごしたいときに空間を分けることができる

図9 プラン1（LDK一体型タイプ）の平面図（1/200）

雨の日は傘をさして外のポストに郵便物を取りに出る必要があり不便。玄関扉横のポスト設置により解決できる。手が届く場合は、既存ドア勝手口付属の新聞受けも活用可能

物干金物を住棟壁面に設置することで、室内から手を伸ばして洗濯物の取入れが可能

収納は開き戸や折れ戸とすると、家具の配置によって車いす動線の邪魔になる可能性があるため引戸とした。手前の扉のみ操作性を考えて大型取っ手を設置

冷蔵庫の位置は、使用時の車いすの動作空間が確保できるように配慮して設計。冷蔵庫の開き扉の取っ手側に車いすのフットサポートが逃げられるゆとり（最低250mm程度）があるとよい

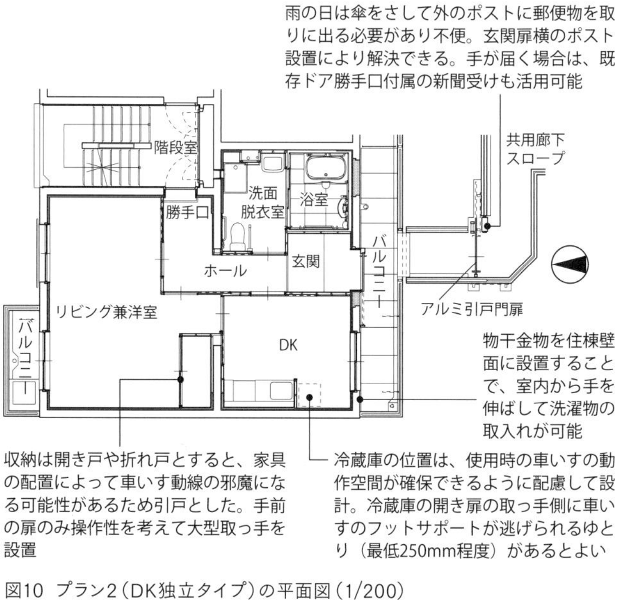

図10 プラン2（DK独立タイプ）の平面図（1/200）

Design Focus │ 階段室型住棟での屋外から住戸までのバリアフリー化

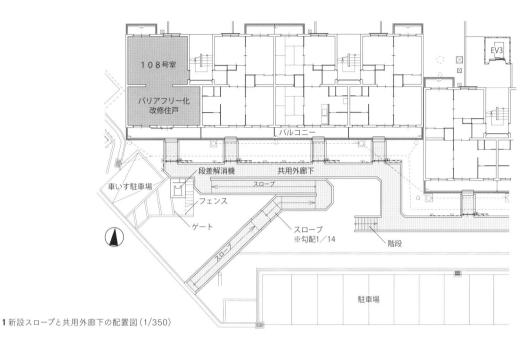

1 新設スロープと共用外廊下の配置図（1/350）

2 住棟と新設の共用外廊下の断面図

3 共用外廊下から新設玄関を見る

バルコニー側からのアプローチ工事

1階住戸に至る階段数段分の高低差を、バルコニー側の共用外廊下とスロープの新設により解消する（**1**）。

プライバシーへの配慮から、新設の共用外廊下はバルコニーから2.2m離している。共用外廊下から地盤面へのアクセスは、利便性を考慮してスロープを両端部と中央部の3カ所、階段を2カ所に設置している（**1〜3**）。

共用外廊下とスロープを考慮した植栽計画も望まれる。

スロープ距離が長すぎて自走車いすでの利用に負担

地盤面とバルコニーの高低差が1.6mあるため、勾配1/14だと約22mのスロープとなり、自走車いすでの利用は体力を要する（**4**）。

そのため共用外廊下の端部に、追加工事により段差解消機が1基設置された。安全管理上設置された安全バーや鍵の開閉など、使用するまでの作業が多く気軽に使いにくいという課題は残る（**5**）。

翌年の別団地でのモデル事業では、階段室側に2方向エレベーターを新設し、共用外廊下の高さ（1階住戸の床面）にも着床させることで段差処理の課題を解決している（**6**）。

バルコニー側への玄関の新設

バルコニー側に玄関を新設する。併せて共用外廊下には住戸玄関に向かう門扉やポストの設置も行った。

4 団地改修後、新設された屋外スロープ。高低差が1.6mあるためスロープが長くなり高齢や虚弱な車いす使用者は自力での昇降が困難である

5 バルコニー共用外廊下に設置された段差解消機。共用外廊下には不特定多数の人がアプローチできるため、段差解消機には安全管理上の対策が多く施された。そのため、使用する際の手間がかかる

6 2方向エレベーターを使用し、約1mの高さの1階床高さも着床させ、段差解消機の役割も担う

キッチン

県営住宅仕様の車いす使用者対応の既製品である（図11）。キッチンカウンター下部に車いす使用者の膝が入る形状であるが、下部にしっかり膝が入る高さを確保すると（シンク深さが一般のキッチンシンク深さと同じ180mmのため）、カウンター全体が高くなり調理台作業には不向きである。また、シンク作業も皿洗いなどの際に水が腕を伝ってしまい身体を濡らしてしまう。ほかにもカウンター下の排水管が膝の当たる位置にあるなどの課題がある。シンクを120mm程度と浅くし、水はね防止の泡沫水栓の採用によりカウンター高さを低くする工夫や、排水口・排水管をシンク横方向にずらし膝に当たらない工夫をしたが、県営住宅仕様として改善の余地がある。

浴室

浴室は車いすでの動作や介助入浴、福祉機器の利用などさまざまな入浴方法を考慮し、1600mm×2000mmのユニットバスとした。短辺（1600mm）側・浴槽背もたれ側後方に500mmの空きスペースを設けた（図12）。この500mmのスペースに介助者が立ち、浴槽横方向からの介助と合わせて浴槽後方から介助し2方向介助ができる。

自立入浴の場合には、空きスペースに移乗台を設け、車いす⇔移乗台⇔浴槽の移動をスムーズに行うことができる（図13）。

このほか入浴用リフトの使用を想定し、浴室内にリフトの支柱が立てられる壁面・床面の補強を行っている。

浴室内の手すりは、多くの場合共通して使用する必要最低限の手すり（浴槽回り、水栓回り）のみ設置し、そのほかは入居者の個別ニーズに合わせて必要な箇所に手すりを設置できるよう、壁面全面に手すり下地補強を行っている。

手すり下地補強

浴室は壁面のどこにでも、トイレ・脱衣室・廊下は縦型手すり・横型手すりのいずれにも対応できるよう、床面から600mm〜1500mmの範囲に手すり設置のための下地補強を行った（図14）。補強は900mm×1800mmのコンパネを横使いとした。

玄関・勝手口

バルコニー側に新設された玄関引戸は大型取っ手とし、ドアスコープを上下2段に付けたため、車いすの視線高さでものぞくことができる。

玄関には、電動車いすのバッテリーを充電できるコンセントを設置している（図15）。屋内では杖歩行や伝い歩き、または自走用車いす移動の人でも、屋外は電動車いすを用いる場合がある。外出用の電動車いすの乗換えは玄関で行われることが多く、充電も玄関で行われる。そのため玄関にコンセントがない場合には、廊下などからコードを這わせることとなる。

改修前の住戸の玄関を勝手口とし、靴を脱げる最小限の土間を残して床が貼られている。車いす使用者でも手を伸ばすことができれば、元玄関のポストも利用可能である。

図11 公営住宅仕様キッチン。下部に車いすの膝入れスペースを設けた。膝に排水管が当たる、上部の収納が使いにくいなどの課題は残るが、車いす用キッチンを標準仕様でつくったために安価に供給できる利点がある

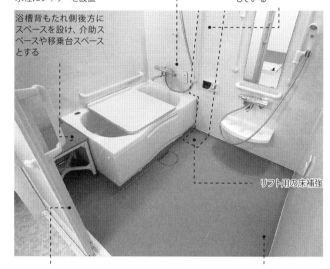

図12 ユニットバス内観

図13 医療専門職の擬似動作によるチェック。右片まひの場合には健側の左半身から浴槽へのアプローチとなる。写真は、移乗台に腰かけて患側の右脚を健側の左手で持って浴槽内へ入れている様子

図14 コンパネを用いた手すり下地補強

住まい手の暮らし方と評価

改修を行ったLDK一体型タイプの部屋に居住する夫婦に、暮らし方や住戸の使い勝手についてヒアリング調査を行った。

夫は、屋外の移動時に電動車いすを使用し、室内では主に杖歩行であるが、体調の悪いときは手動車いすを使用している。妻は、車いすは使用していない。この人のように体調や生活動作（外出・入浴・排せつなど）によって移動手段を変える人は多く、多様な使い勝手に対応できる広さが必要である。

洋室に2人でのベッド就寝は困難なため、洋室を妻、リビングを夫の寝室としている。空間が広く室内の車いす移動や伝い歩きが楽との評価を得た（図16、17）。

キッチンは主に妻が立位で使用するため、キッチン下部に自分たちで収納を入れて使用している（図18）。

トイレや浴室も問題なく使用できている（図19）。浴室は妻による見守り・介助が可能な広さであり、安心とのことである。バルコニー側の新設ポストは、外に出る必要があり不便なため、使用しておらず、妻は勝手口をごみ出しや郵便の受取りで使用している。

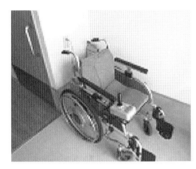

図15 玄関内の工夫。家族の出入りの邪魔にならない位置に車いすを置けるスペースを確保する。電動車いすは折り畳めないので玄関扉横に車いす横幅700mm以上のスペースを確保している。電動車いす後方の壁面には充電用のコンセントを設けて充電を容易にしている

図16 ベッド回りにも十分なスペースを確保。ギャッチベッド（背上げ、膝上げ、高さ調整などを行うことができるベッド）から立ち上がって移動するため、つかまる手がかりとなるいすや家具などが置かれている

図17 天井の木枠に設置されたカーテン。夫の寝室とDKの間を仕切っている。夫の就寝時にもDKを使うことができる。昼間は開けて、ワンルームとしている

図18 妻が使用するキッチン。妻が立位で使用するため車いすの膝入れスペースには収納棚を設置して通常のキッチンと同様の使い方をしている

図19 洗面脱衣室と一体になったトイレは広いスペースが確保できる。そのため伝い歩きを考慮した収納家具も設置できる

本事例で行われた建築的配慮とその評価

箇所	設計	計画時の意図	評価	理由
屋外スロープ	勾配を1/13～1/14とする	自走でも上ることができる	○	電動車いす使用のため現状で問題なし
段差解消機	スロープが長いための配慮	長い距離が難しい人の利用	△	管理方法に問題あり
玄関ホール	フラット、面積確保、コンセント設置	車いすの乗換えや車輪掃除、電動車いすの充電	○	十分なスペースがあり、充電も便利
玄関扉	ドアスコープやチェーン高さ	車いすで使いやすい高さ	○	問題なく使えている
居室	極力ワンルーム化する、間仕切り用木枠の設置	家具を置いても車いすで動きやすい、必要に応じ仕切りを追加	○	車いすでの移動が楽
浴室	浴槽端に500mmの空間	介助空間や洗体台設置スペースとして活用	○	介助者が一緒に入浴可能
キッチンカウンター	カウンター下部に足入れ空間	車いすで調理が可能	△	既製品の設計上の課題あり、収納は不足
勝手口	元玄関を勝手口とする	同居人の利用、新聞の室内受取り	○	新聞受け取りなどに便利
廊下、水回り、玄関扉・窓の上部壁面	廊下、水回りは手すりやリフト用の下地補強、扉・窓は電動開閉ユニット取付用の下地補強	手すり下地補強、電動ユニット下地補強	○	カスタマイズが容易である
ポスト	車いすで使いやすい	車いすで操作しやすい高さ	△	屋外に出る必要があるため、不便なので使用していない

2章

ケアを必要とする人たちの共同の住まい

　高齢化や障害程度の進行などにより、どうしてもそれまで住んでいた住宅に住めなくなったとき、これまで私たちは「施設」に移り住まなければならない、と考えてきた。その「施設」とは、他人や介助者と暮らす、普通の「住宅」とはかけ離れた場所だった。少なくとも、これまでは。

　でも、よく考えてみると、手厚いケアが必要で、そのため家族ではない人と一緒に暮らしたり、ヘルパーや介助者と暮らすことで、住まいが「住宅」ではなく「施設」になってしまうのは、あまり論理的ではない。そのような場所だって、きちんと「住宅」としての性質、つまり「人としての日常」を地域のなかで送るための基本的な場所という性質を保つことは、十分可能なのではないだろうか。

　そのような場所を考えて、本章では「福祉施設」ではなく「共同の住まい」という言葉を使うこととした。日常的に手厚いケアが必要な人たちが、地域での当たり前の生活が継続できる住まいの場、そのような場所を「共同の住まい」と捉えたときに、私たちが「施設」という言葉でどれほど多くのものを諦めてしまっていたのか、また「当たり前の生活」にはどのような要素が実は埋め込まれていたのかが、明らかになってくると、私たちは考えている。

　本章で示した事例には、そのような一見気がつきにくい、しかしとても重要な要素が、はっきりと示されている。

1人で暮らせない人たちが地域で暮らすために

2章 解説

ケアを必要とする人たちの共同の住まい

1. 暮らしにケアが必要な人々とは

「ケアが必要な人」とは、ここでは何らかの理由で1人で暮らすことが困難な人々とを示すこととする。たとえば、つねに意思決定支援を必要とする人や、重度重複障害のある人、または知的障害の程度は軽いものの独立した生活経験がない人などが考えられる。このような人々が地域で暮らしていくとき、「1人」で暮らすことは難しい。そのため、グループホームや入所施設、または児童養護施設などで、何らかのケアを受けながら共同で暮らすことは、重要な選択肢だ。

2. ケアを提供する共同の住まいの現状

2-1. ケアを提供する共同の住まいの種類

介護保健法や障害者総合支援法、そして児童福祉法などによって定められた、ケアを提供する共同の住まいには、認知症高齢者グループホーム（図1）や施設入所支援（図2）、児童養護施設などがある（表1）。特別養護老人ホームや認知症高齢者グループホームの個室化と小規模化が進み、「住まい」として認められつつある一方、施設入所支援は依然として大規模な「施設」での暮らしである。

2-2. ケアを必要とする人々の状況

高齢者について、認知症高齢者グループホームなどの普及によって、ケアを受けながらの地域生活の継続が近年大きく進んでいる。しかしながら、自宅にて高齢の親を高齢の子どもが介護する「老老介護」と呼ばれる状況も、広く聞かれるようになった。

表1 ケアを提供する共同の住まい

根拠法	施設名称	居室定員	施設/ユニット定員
介護保健法	特別養護老人ホーム（ユニット型）	1人	1ユニット原則10人以下
	介護老人保健施設	4人以下	なし
	認知症高齢者グループホーム	1人	1ユニット5人以上9人以下、最大3ユニット
障害者総合支援法	施設入所支援	4人以下	30人以上
	共同生活援助（グループホーム）	1人	原則2人以上10人以下
	福祉ホーム	1人	なし
児童福祉法	児童養護施設	4人以下	なし
	障害児入所施設	4人以下	なし
	重症心身障害児施設	医療法に準ずる	なし

図1 認知症高齢者グループホーム「わいの家」の和室の居間。このグループホームが建つ地域の伝統的な空間構成を取り入れ、二部屋の続き間からなる居間である。木造軸組工法によってつくられた落ち着きのある空間は、家庭的な「住まい」としての佇まいを強く打ち出している

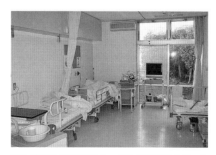

図2 施設入所支援のサービスが提供されている身体障害者の入所施設。4人部屋に病院用のベッドが置かれ、床は長尺塩ビシートと、病院をモデルにしていることが分かる。ベッドとベッドの間にはカーテンしかなく、プライバシーを保つことも難しい。個人の持ち物を置くスペースもほとんどなく、「住まい」にはほど遠い環境

CHECK！

意思決定支援 自分の意図を明確化することが難しい人、また自分の意図を伝えることが難しい人を支援し、自己決定を助けること。これまでとくに知的障害者は何かが「できない」人で、その「できない」ことを介助者が代行したり、またはできるように訓練するといった見方がされてきた。しかし障害者の人権に対する理解などが広がるにつれ、知的障害者も一部の意思決定に支援を必要とするだけの権利主体である、ということが気づかれつつある。2014年に成立した障害者総合支援法でも、サービス運営者は「障害者等の意思決定に配慮するとともに、常に障害者等の立場に立って支援を行うよう努めなければならない」と定められている。

重度重複障害 この言葉に明確な定義は存在しないが、本書では「身体・知的の両方に重度の障害を持ち、常時の介助が必要なひと」と定義する。

障害者総合支援法 戦後、障害者は身体・知的・精神のそれぞれに定められた法律によって施設やサービスが提供されていたが、2006年4月に定められた障害者自立支援法によって、障害は1つの法律のもとに一元化された。施設・サービス体系も一新され、「日中活動」と「住まいの場」に再編された。2014年に障害者自立支援法は障害者総合支援法に移行したが、法の内容はほとんど変わるところはない。

施設入所支援 障害者総合支援法の定める「住まいの場」には、「施設入所支援」「共同生活援助（グループホーム）」「福祉ホーム」の3種類がある。このうち施設入所支援とは、重度の障害のある人の利用を前提としたもので、居室定員4人以下、施設定員30人以上の施設にて、生活に必要な介助を受けながら暮らすものである。

福祉ホーム 主に住まいを自力で探すことが難しい障害者に、住まいの場所を提供するサービス。原則個室で、特段の介助サービスは前提とされていない。

障害者の状況はというと、まず施設入所支援の利用者は障害者自立支援法（現 障害者総合支援法）発足当初から増加を続け、新体系に完全に移行した2012年4月以降は約13万3000人で、ほぼ一定数となっている（図3）。小規模なグループホーム（2014年3月までは共同生活介護[ケアホーム]と共同生活援助[グループホーム]に分かれていたが、2014年4月より共同生活援助に統合された）の利用者数は、2016年度3月時点で約10万2000人となっている。児童養護施設の利用者数は、ほぼ3万3000人前後で推移している。加えて約384万人の身体障害者、約62万人の知的障害者は在宅で暮らしている。精神障害があり入院している人々は約32万人である。本人や家族の高齢化に伴い、このような人たちの日常生活にも、ケアの提供が必要になることは確実である。

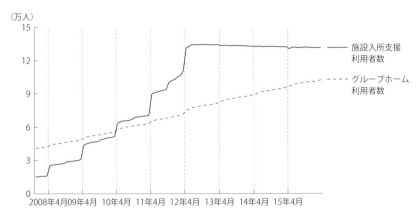

図3 障害者総合支援法による施設入所支援・グループホームの利用者数の推移。障害者総合支援法への完全移行の期限である2012年3月末前後に施設入所支援の利用者が大幅に増え、その後ほぼ一定数で推移している。他方でグループホームの利用者には、2012年4月前後では大きな変化がみられず、年々少しずつ増加している

3. ケアを提供する共同の住まいで生じている困難

障害者グループホームについて、身体障害者のグループホーム利用の伸びは、障害者全体に比べ著しく鈍い（2008年は約1400人、2013年では約5000人）。これは、主に浴室が身体障害のある人々に対応できていないためであると考えられる。座位が保てないなど、入浴に介助が必要な人にとって、家庭用の浴室など一方向からしかアプローチできない浴室では、介助者に過大な負担がかかり、入浴が不可能なことがある（図4、5）。

親と自宅で暮らす障害者については、どのような状況だろうか。障害のある子どもの親たちは、つねに「自分が子どもを介助できなくなり、特別養護老人ホームなどに移住したら、子どもはどうなってしまうのか」という不安を抱えている。現在の制度上、高齢者は介護保健法に基づく施設、障害者は障害者総合支援法に基づく施設のみ入所が可能なため、同じ施設に親子が入所することは、原則的にきわめて難しい。

知的障害のある人々の住まいにも、困難が生じている。知的障害のある人の場合、1人暮らしを行える可能性があっても、そのための準備や訓練を行える共同の住まいがほとんど存在しない。ゆるやかな見守りを受けながら、1人暮らしへの準備を行える共同の住まいが求められている。

図4 このような浴槽の縁まで洗い場を上げる浴室は、座位が保てない人や介助の必要な人には使うことができない

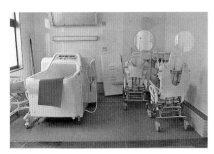

図5 機械浴がどうしても必要な人も存在するが、できれば建築的な工夫でできるだけ普通の風呂を使いたい。機械浴は、一気に雰囲気を「施設化」させる

CHECK！

共同生活介護 上記と同様「住まいの場」のサービスの1つ。原則個室で2人以上10人以下の居室で構成された住まいに暮らす障害者に対し、入浴や排せつ、食事などの介護を提供する。共同生活介護は重度の人が、以下に説明する共同生活援助は軽度の人が利用することと定められたが、2014年4月より共同生活援助に一元化された。

共同生活援助 共同生活介護と同じ目的をもった施設で、軽度の人が利用することとされた。

在宅で暮らす障害者 この数字は、厚生労働省が5年ごとに行うこととしている「身体障害児・者調査結果」（2011年からは「生活のしづらさなどに関する調査（全国在宅障害児・者等実態調査）」に改称）に基づいている。なお、現在公表されている調査結果は2011年のものであり、ここでの記述も2011年調査に依拠している。

精神障害 厚生労働省の各種調査によれば[1]、2011年時点で在宅（外来）の精神障害者は約288万人、入院している精神障害者は約32万人である。

座位 座った姿勢。小児まひによる身体障害のある場合などには、座位を自力で保持できない人もいる。そのような場合、入浴にも常時介助が必要となる。

4. 建築的にサポートするためのアプローチ

4-1. 重度重複障害のある人々の共同の住まいを実現するための工夫

　重度重複障害のある人々が地域の小規模な住宅での生活を継続させる場合、決定的に重要な要素は入浴と排せつである。重度重複障害のある人々の場合、一般的な高齢者用介護車いすよりも、大型の車いすを使用することが多い。そのため、トイレが十分に広いことはもちろん（図6）、浴室・脱衣室にも十分な広さの確保が必要となる（図7、8）。とくに脱衣室は、車いすからシャワー用車いすへの乗換えに、あるいは座位がとれない人は床へ寝転がって脱衣をするために、十分なスペースが必要となる（図9）。脱衣室に十分なスペースを確保することが難しい場合、浴室との間に建具を設けずカーテンなどで区切り、浴室と脱衣室を一体的に使えるようにすることで、スペースを確保するなどの工夫も考えられる。

　浴室については、天井走行式リフトの導入が効果的である場合が多い。しかしながら、緊張が強い人の場合、吊り具を装着することができないこともある。その場合はやはり人力による入浴介助が必要となり、2方向介助ができる浴槽が必須となる。また座位がとれない人の洗身は、床にマットを敷いて臥位で行うしか、現状では解決方法が存在しない。そのため、十分な洗い場の面積の確保と、弾力があり保温性の良い床材の選択が重要である。

> **CHECK！**
>
> **天井走行式リフト**　一般に天井や架台に設置されたレールに沿って動き、吊り下げた吊り具に利用者が臥位または座位で乗るもので、介助者は吊り具の上げ下げ、車いすから吊り具への移乗、浴槽や洗い場への移動を介助すればよく、利用者や介助者への身体的負担はあまり発生しない。一般の家庭の浴室でも自立した架台にレールを設置することにより、新たに設置することができる。車いすから吊り具への乗り換えのために、浴室や脱衣室に一定以上の面積が必要となる。
>
> **緊張**　脳性小児まひにみられる症状の1つで、意図せずに筋肉が硬直し突っ張ってしまったり、身体が反ってしまったりする状態。

図6　大型の車いすでも進入可能な、十分な広さを備えたトイレ。共同の住まいでは、右側・左側の両側からのアクセスに対応したトイレが用意されていることが望ましい

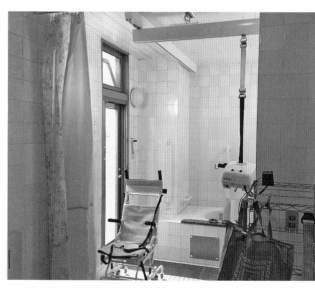

図7　脱衣室と浴室をカーテンで仕切ることによって、脱衣室と浴室との間に十分な開口を確保するとともに、脱衣室にも広いスペースを確保している。この事例では天井走行式リフトも設置されている

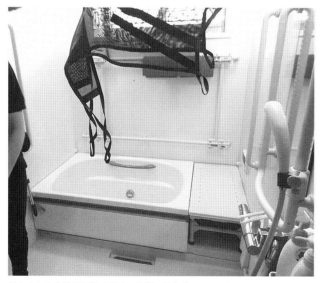

図8　2方向介助が可能な浴室。右側に取り付けられた腰かけボードは取り外すことができ、かつ浴槽は左右に移動させることができる

図9　臥位での洗身を行う事例。十分な面積が確保できなかったため、斜めにマットを敷き、その上に横になって洗身を行っている

4-2. 高齢者と障害者の親子の共同の住まいを実現するための工夫

　高齢者・障害者グループホームは別々の法律によって定められているため、認知症高齢者の親と、障害のある子が、同一のグループホームに入居することはきわめて難しい。しかし宮城県や富山県では、ひとつの建物に高齢者・障害者グループホームを併設した「共生グループホーム」制度を創設することによって、少なくともひとつ屋根の下に親と子が暮らす住まいを実現させている。詳しい説明は事例編で紹介するが、ここでは富山型共生グループホーム「双葉」を紹介する（図10）。

　これは、1階に認知症高齢者グループホーム、2階に知的障害者グループホームを設置したもので、玄関と1階リビングを高齢者・障害者で共有している。玄関に入って左側の広々としたダイニングルームでは、日中くつろぐ高齢者が障害者の帰宅を出迎える風景などが展開している。

4-3. 1人暮らしに向けた知的障害者のための共同の住まい

　「グループホーム」というと、一般にはリビングを中心として個室が配された、小規模で「家庭的」な住まいが想定される。このような住まいは、大規模施設に比べれば格段に「住まい」としての質は高いといえるが、あくまで共同生活の場であり、「1人暮らしへのステップアップの場」としての機能は意図されていない場合が多い。

　他方、グループホームのなかでも、1人（または夫婦など）での一般住宅での暮らしへの移行を支えるものも現れている。たとえば障害者グループホーム「ゲンキ本天沼」は、居室は1階にアパートのようにおかれ、共用部分は2階に集約されている（図11）。入居者は必要な支援を受けつつ、独立した暮らしを営む練習を行うことができる（図12）。

　事例編では、このような課題に向き合い、さまざまな工夫を凝らすことにより、共同の「住まい」をつくり出した事例を紹介する。

> **CHECK！**
>
> **別々の法律**　以前は同一の法律に基づく施設、たとえば介護老人保健施設と特別養護老人ホームを合築することにも厳しい制限が課せられていた（玄関やエレベーターを別にするだけでなく、配管スペースも用途によって分ける、または面積比率によって案分して専用面積を算出する）が、最近は比較的認められやすくなっている（自治体によって状況が異なるので、確認は必要）。しかしながら、根拠法が異なる施設の合築は、いまだきわめて難しい。
>
> **1人暮らしへのステップアップの場**　在宅で生活する障害者の多くは家族、とくに親の介助によって生活を成立させているが、親の高齢化に伴い家庭内介助の継続が困難になりつつある。他方、グループホームでの生活は、基本的に「終の棲家」である高齢者とは異なり長期にわたる可能性があり、そのなかで他人になるべく干渉されない、独立した暮らしを求めるようになる障害者も多い。そのために、1人暮らしへのステップアップの場としてのグループホームが求められている。

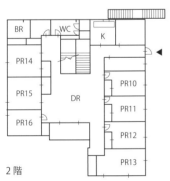

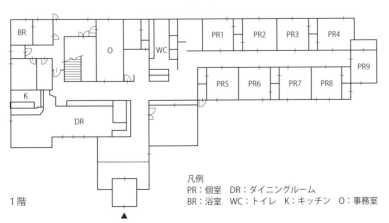

図10　富山型共生グループホーム「双葉」平面図。　本事例では、トイレ・浴室は高齢者・障害者別に設置されている。なお、本事例は使われなくなった社員用厚生施設を改築・転用したものである

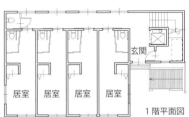

図11　障害者グループホーム「ゲンキ本天沼」平面図

図12　障害者グループホーム「ゲンキ本天沼」居室トイレ

2章 事例1

最重度の障害があっても暮らせる住まい。
在宅でも施設でもないライフスタイル

重度身体障害者グループホーム やじろべえ

所在地：東京都／運営法人：NPO法人 ピアネット北／開設年：2006年／定員：4人／設計監理：飯野建築工房一級建築士事務所／敷地面積：116㎡／建築面積：69㎡／延床面積：139㎡／構造：木造／階数：地上2階

図1 建物外観

図2 建物周辺

図3 送迎バス待合せ場所

図4 周辺の概要

本事例の概要

重度身体障害者グループホーム「やじろべえ」（図1）は、東京都の単独事業「重度身体障害者グループホーム事業」の一環として、2006年5月に竣工した建物である。東京都北区に位置し、主に北区在住の重度身体障害者の地域生活を支援する目的で建設された。定員は4人で、地域のさまざまな支援やサービスを利用し、自立した日常生活を営んでいる。

「やじろべえ」設立当時、国の制度としては身体障害者が利用できるグループホームは存在しなかった。この「重度身体障害者グループホーム事業」は、4人から10人までの規模のグループホームに年間約1470万円の運営補助を東京都が行い、身体障害者の地域居住の場を確保するもので、在宅か施設かの2つにひとつの選択肢を迫られていた重度身体障害者に、貴重な地域生活の場を提供するものである。

この事業の特徴は、グループホームを「居宅」と位置づけ、積極的なホームヘルプの利用を推奨したことにある。現在の障害者総合支援法によるグループホームでもヘルパー利用は可能だが、報酬単価はきわめて低くなってしまい、職員の支援にも限界が生じる。生活全般の支援を行う職員とヘルパーによって、本施設では本人の望む生活にできるだけ寄り添った暮らしが展開されている。

周辺地域

「やじろべえ」が位置するのは、木造2階建ての住宅が密集して建つ住宅地である（図2）。徒歩数分で幹線道路に通じ、北赤羽駅までも徒歩5分程度と、きわめて交通の便が良い。

利用者は、日中は全員同じ通所施設に通っている。通所施設までは送迎のバスで通うが、「やじろべえ」周辺の道路は狭く、バスが乗り入れることができない。そのため利用者は、「やじろべえ」から3分程度離れた待合せ場所（図3）まで、毎日往復している（図4）。

本事例の成り立ちと計画・設計のプロセス

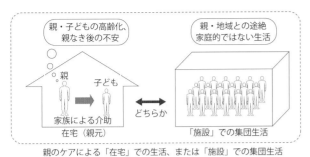

重度身体障害者グループホームとは（図5）
- 年間約1470万円の運営費により、4～10人のグループホームをつくることができる事業（東京都単独事業）。
- 対象者：原則として18歳以上の重度身体障害者（身体障害等級2級以上で生活行為に介助を要する者）
- 管理人1名に加え、介助者を2人以上配置
- グループホームの運営者は、介助のためホームヘルパー派遣制度の利用などを配慮する。

地域に暮らす試みの始まり
- 重度重複障害のある息子がいるAさんは、自宅で介助を行いながら生活。
- 親亡き後の息子の生活を考えるが、東京都の施設は満床、遠方の施設では地域生活や家族関係が途絶えてしまう。
- そのとき、東京都の単独事業である重度身体障害者グループホームの存在を知る。
- 障害者の地域生活を支援するNPO法人の理事長であったAさんは、同法人によるグループホーム開設を決意。

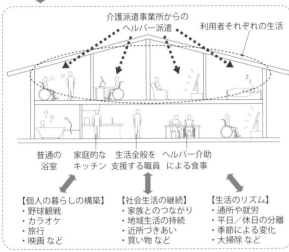

図5 東京都重度身体障害者グループホームにおける生活のイメージ

開設・建設資金と運営のしくみ（図6）
- 東京都からの運営費によって常勤職員を雇用、加えて北区から認められた重度訪問介護サービスを利用者個人が利用。
- 建設費には、東京都緊急整備費補助金を利用。
- グループホーム用地は、初期は借地を想定していたが適当な土地が見つからず断念、法人が購入。
- 土地購入費の確保にあたっては金融機関からの協力がなかなか得られず、大半はNPO法人理事の個人的な借金で調達。

設計者との出会いと要望
- NPO法人の事務局長が勤めていた高齢者施設の評価委員会の委員の1人が、高齢者施設や幼稚園設計の経験のある設計者。
- その設計者にAさんがグループホーム設計を依頼したところ快諾、設計のみならず、グループホーム用地選定にも尽力。
- Aさんからの設計者への要望は、「家としての雰囲気」「介助浴が可能な浴室」「体験室の設置」の3つ。
- 体験室とは、グループホームを知らない人に、ここでの暮らしを知ってもらうために当初想定。しかし結果的に面積的な問題から断念。

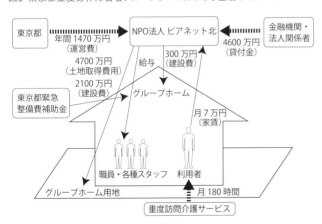

図6 資金・運営のしくみ

設計者はどのようにして利用者のニーズを調べたのか（図7）
- 設計者は、まずAさんの自宅を訪問、数度泊まり込みながら入浴や排せつ、食事などの様子を把握。
- 次いで、すでに決定していた他の入居候補者の自宅も訪問し、同様に入浴や食事などの様子を把握。
- すでに開設していた他の重度身体障害者グループホーム5施設ほどを、Aさんと訪問。見学とヒアリングを実施。
- Aさんの車いすは大型のものだったため、設計者は最大のサイズのエレベーターが設置されたハウスメーカーのモデルハウスを探し出し、Aさんと介助者に試乗してもらい、使えるか確認。

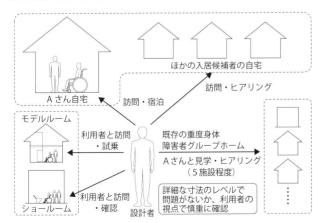

図7 設計者の設計の進め方

平面図で分かる設計のポイント

全体構成

最小限の敷地で計画せざるを得なかったため、設計では徹底して無駄が排された。共用部は1階に集約され、廊下面積は最小限に抑えられた。2階は田の字型に居室が配置されている。

1階の構成（図8〜11）

1階にはリビング・ダイニングとキッチン、浴室、脱衣室兼洗面所、トイレと共用スペースが設けられた。また階段下を利用して事務スペースを、その隣に折畳みベッドを置くことで、極小ながら職員のためのスペースが設けられている。

廊下は、面積を可能な限り抑えている。また動線部とリビング・ダイニングを分けることで、リビング・ダイニングを落ち着いた雰囲気としている。

利用者は全員車いす使用者なので、2階居室へはエレベーターで移動する。階段は職員やヘルパーのみ使用する。

2階の構成（図12〜15）

こちらも面積を最大限活かすため、シンプルな田の字型プランが採用された。廊下の端部にはエレベーター、もう片方の端部にはトイレが設置された。

階段の分だけ南側の居室は面積が狭くなっているが、南向きの条件と相殺するとの考え方に基づき、入居費に違いは設けられていない。

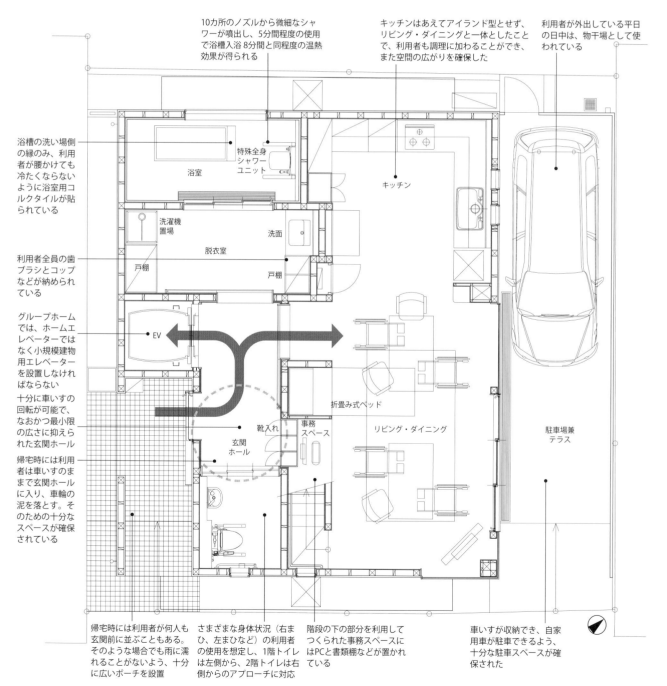

図8 1階平面図（1/75）

Design Focus │ 三方介助できる浴室

身体障害者グループホームにおいて最も重要なのが入浴環境、浴室と脱衣室の計画である。介助者を含めた入浴動作を想定した、入念な設計が必要である。

浴槽と特殊全身シャワーユニット

開設後に設置された天井走行式リフト。自立した構造のため、構造補強の必要はない

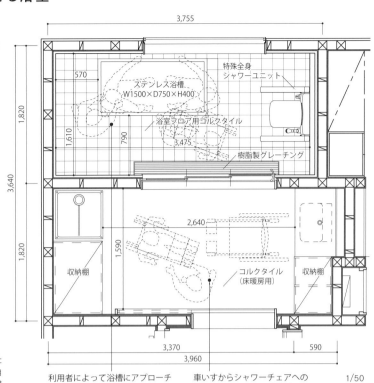

利用者によって浴槽にアプローチできる方向が異なり、また介助者の人数も異なる。そのため、三方から介助者がアプローチできる浴槽が必須であった

車いすからシャワーチェアへの乗換えや、臥位での清拭が行われることもあるため、脱衣室には十分な面積が必要

図9 1階リビング・ダイニングの階段下に設けられた事務スペースと、その隣の折畳みベッド収納スペース

図10 脱衣室。車いすの乗換えが可能なように広く設計されたが、実際には籠などが置かれるため、これでもやや窮屈である

図11 1階リビング・ダイニング。利用者のうち2人は食事に全介助が必要であり、食事の際は介助者が隣に座って介助を行う（写真左・右）。そのため、全員が一緒に食事をするためには、4人ではなく6人が座ることのできる広さのテーブルが必要となる

設備的な配慮

　最も配慮を要したのが浴室と脱衣室である。利用者には身体の緊張が強く、一般のサイズの浴槽では入ることができない人もいる。そのため、長めの浴槽が採用された。また座位が保てずシャワーチェアが使えない利用者は、臥位で清拭を行うことも予想されたため、浴室内の床は浴室用コルクタイルが採用された。

　脱衣室は、シャワーチェアへの移乗を行うため浴室と同程度の面積が確保された。現在はリフトが設置されたが、車いすからリフト用吊り具への移乗にも、このスペースは必須であった。

　トイレは1階と2階に、それぞれ左または右からのアプローチに対応した形で設けられている。入居者の利用している車いすのサイズは、一般的な介助車いすよりかなり大きいため、十分なスペースの確保が配慮された。

　エレベーターも、同様に十分な広さが必要である。今回設置されたエレベーターは最大のサイズのものだった。それでも一番大型の車いす使用者の場合、エレベーターの籠に対し、車いすが対角線にくるよう、斜めに進入しないと、完全に乗ることができない。

ディテールの配慮

　車いすが通る廊下は、衝突時の損傷防止のため高い幅木やキックガードを設置する場合が一般的である。しかし、これらは一般の住宅にはみられず、「家らしさ」を大きく損なってしまう。そのため、「やじろべえ」では強度がありキズの目立ちにくい腰壁パネルを採用した。

　スタッフのシフト表はリビング・ダイニングの入口で、室内から見えない場所に置かれ、あくまで「家らしさ」を損なわないよう配慮されている。

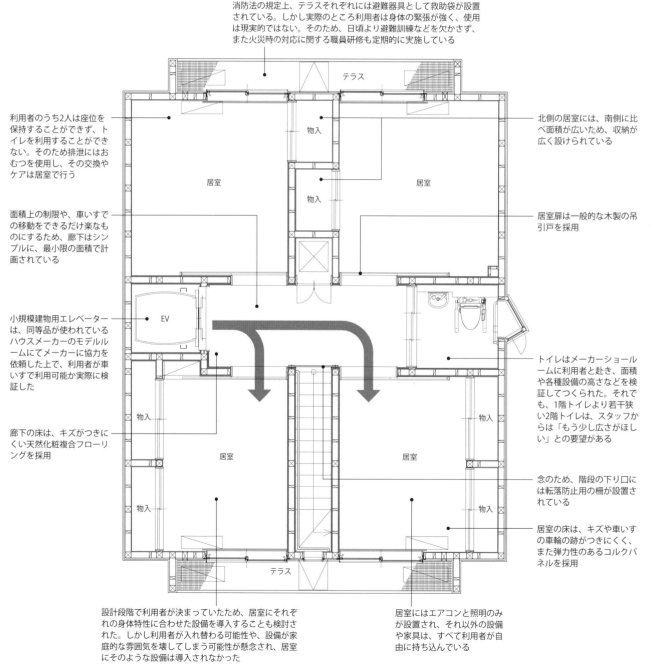

図12　2階平面図（1/75）

竣工後の配慮

当初、浴室にはリフトは設置していなかったが、女性利用者と介助スタッフよりリフト使用の希望があり、後付けで設置した。

加えて竣工後に義務づけられた住宅用火災警報装置を設置し、2014年にはスプリンクラーも設置した。

同時に、火災や非常時には設備面で完全に安全が担保できるわけではないとの認識のもと、地元消防署や自治会の避難訓練にも積極的に参加している。

図13 2階廊下。車いすが衝突してキズがつきやすい部分は、一般に高い幅木やキックガードなどを使用するが、「家」的な雰囲気にはそぐわない。ここでは、強度がありキズも目立ちにくい、集成材による腰壁パネルが使用され、「普通の住宅らしさ」を醸し出している

図14 2階居室。特別な設備は導入せず、利用者それぞれが必要な設備をもち込むことが前提となっている

図15 2階トイレ。この広さであっても、大型の車いすと利用者、そして介助者が入るには窮屈

本事例で行われた建築的配慮とその評価

箇所	設計	計画時の意図	評価	理由
廊下の腰壁	高さ1,100mmまで合板を使用	「家らしさ」を保つ	○	木の温かみが感じられ、キズも目立たない
手すり	設置せず	「家らしさ」を保つ	○	必要とする利用者がいない
居室	特殊な設備を導入しない	「家らしさ」を保つ	○	利用者それぞれで対応している
キッチン	壁際にまとめる	利用者が家事に参加できる	○	リビングが広く感じられる
1階廊下	リビングとトイレなどを分離	リビングを落ち着ける空間とする	○	リビングに直接トイレが面しておらず落ち着く
ポーチ	十分な広さを確保	雨でも利用者が濡れない	○	利用者が列をなすこともあるが問題ない
浴室	十分な広さを確保	多様な介助が可能	△	問題はないがもう少し広いとなお良い
脱衣室	十分な広さを確保	介助や乗換えが可能	△	問題はないがもう少し広いとなお良い
トイレ	十分な広さを確保	大型車いすでも利用可能	△	2階トイレはもう少し広いとなお良い
事務スペース	階段下に確保	面積を最大限に利用	△	可能であれば独立して設けたかった
1階東側開口部	とくに庇などは設けない	とくになし	×	日が当たり暑い（オーニングを追加で設置）

2章 事例2

富山発。住み慣れた地域で高齢者も障害者も一緒に暮らす

共生型グループホーム 翼

所在地：富山県／運営法人：社会福祉法人にいかわ苑／開設年：2013年／定員：認知症対応型共同生活介護9人／共同生活援助・介護事業10人／設計監理：山﨑建築設計事務所／敷地面積：1509.22㎡／建築面積：372.07㎡／延床面積：594.52㎡／構造：鉄骨造／階数：地上2階

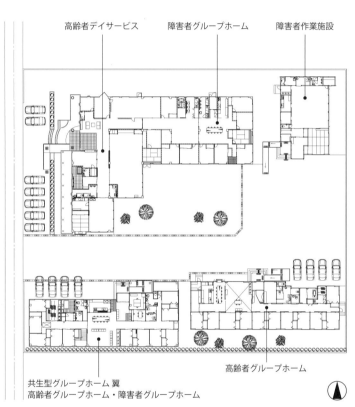

図1 「共生の里あさひ」配置図（1/800）

図2 建物外観（北面）

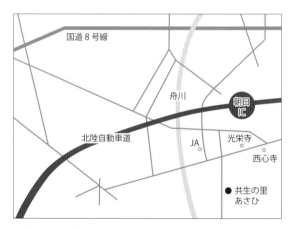

図3 周辺の概要

本事例の概要

共生型グループホーム「翼」は、年をとっても、障害があっても、住み慣れた地域で、共に支え合い、住み続けていきたいという願いの実現を目指して開設された、宮城県発祥の福祉サービスである。

「翼」は、次の3つの特徴をもつ。
1. 認知症高齢者と障害者が、互いの居住空間を保ちつつ、ひとつ屋根の下で暮らす点。
2. 高齢者介護制度（介護保険法と老人福祉法）や障害者総合支援法などの多様な制度を組み合わせて運営されている点。
3. 浴室・脱衣室や洗濯室などの設備を共用することによって、共生型施設本来の狙いがより深められた点。

このような、障害のある子をもつ親が認知症になったとしても同じ屋根の下のグループホームで生活できる共生型グループホームは、設置の気運が高まっている。現在、親子での入居希望の問合せが全国から寄せられており、地域社会における共生の拠点となりうるよう取組みが推進されている。

周辺地域

「翼」は、認知症高齢者と障害者のデイサービスやグループホームが集まる「共生の里あさひ」の敷地内に建つ。

「共生の里あさひ」は、幼稚園の跡地を運営法人が購入し、その後、高齢者デイサービスの開設をはじめとして、高齢者グループホームや障害者グループホームなどが開設され、最後に「翼」が開設された。敷地の北側には日中の活動の場が、南側には住まいの場が配置されている（図1）。

周囲には田畑が広がり、最寄りのJR泊駅からは車で10分の距離にある。障害者は日中、各自の特性に応じて法人が運営する通所施設に通っている（図2、3）。

本事例の成り立ちと計画・設計のプロセス

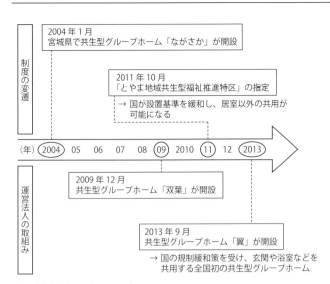

図4 共生型グループホームのあゆみ

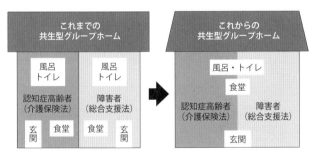

図5 共生型グループホームの概念図

表1 建設資金と運営のしくみ

建設費	1億1000万円	入居者負担（1日あたり）	
<内訳>		<内訳>	
内部留保金	6580万円	家賃	3000円
長期借入金		光熱水費	500円
補助金	4420万円	食材費	800円
うち　1階部分	2520万円	施設利用料	約900円
うち　2階部分	1900万円		
準拠する法律			
認知症高齢者	介護保険法、老人福祉法		
障害者	障害者総合支援法		

開設までの経緯

- 制度の変遷：「障害のある子が大きくなり、親が年老いて認知症になったとしても、親子が一緒に居住できる場が必要ではないか」「認知症高齢者と障害者が一緒に住むことによって、ケアの相乗効果が期待できるのではないか」という民間デイサービスの柔軟な着想に、特区制度の活用や規制緩和の活用が加わって「翼」が開設された。
- 運営法人の取組み：社会福祉法人「にいかわ苑」では、2009年に富山県内最初の共生型グループホーム「双葉」を開設し運営してきたが、規制緩和に伴い、全国初となる玄関・浴室などを共用する共生型グループホーム「翼」を建設し、2013年9月から認知症高齢者と障害者を受け入れている（図4、5）。

建設資金と運営のしくみ

- 建設費：1億1000万円（建築・外構・備品、土地は法人所有）。内部留保と長期借入金によるほか、国からの補助金4420万円を利用した（表1）。
- 入居者負担：1日あたり、家賃3000円＋光熱水費500円＋食材費800円に、各法律による施設利用料が加わる。
- 運営での工夫：現行の制度上、障害者グループホームでは職員の滞在は食事時間のみで、不在時間が多くなる。そこで、夜間に職員が不在となる障害者グループホームの見回りを高齢者グループホームの職員が行い、切れ目のない支援を提供している。

設計者への要望

運営法人から設計者への主な要望は、次の4点である（表2）。なお、設計者はこれまでにも、同法人の施設設計に携わっている。

1. 認知症高齢者と障害者の玄関・浴室・洗濯室の共用を図り、共用部への設備の集約で初期コストや維持費を軽減すること。
2. 認知症高齢者と障害者とが協調的な関わりをもつことができるように、玄関から階段への動線上に高齢者リビングを設置すること。
3. 利用者の誰もが安心・安全に過ごせるよう配慮された設計にすること。
4. 入居者の入れ替わりが想定されることから、多様な入居者に対応できるようにすること。

表2 設計者への要望

要望	対象箇所	設計への反映
設備の共用	玄関	高齢者が腰かけて履物が履けるよう、玄関口にベンチを設置する
	浴室	・3、4人が同時に利用できる大きさを確保する ・転倒などによるケガを予防するため、浴槽縁を木製とする ・将来リフトなどが設置できるよう、コンクリート下地とする
	洗濯室	互いに声がかけやすいよう、1階高齢者リビングに隣接させる
高齢者と障害者の交流	高齢者リビング	障害者と高齢者とが声かけや挨拶が交わせるよう、1階高齢者リビングを玄関と階段の間に配置し、洗面所もリビングに隣接させる
安心・安全の工夫	全体	・誰もが安心して過ごせるよう、バリアフリーと部屋の配置の分かりやすさに配慮 ・居室開口部は通風・採光を確保した上で、転落防止のため全開にならないように工夫
多様な入居者への対応	全体	・大家族が入居する家を想定　・一部入居者に特化する設計とはしない

平面図で分かる設計のポイント

全体構成

玄関の共用：玄関と階段の間に高齢者リビングを配置したことで、障害者の帰宅の際に高齢者が出迎え、挨拶が交わされるなど、活発な交流がみられる。障害者が1階リビングに滞在し高齢者と交流することを意図して、2階にはリビングを設けず、食事室の広さも最小限に留めた（図6、7）。

①玄関（高齢者、障害者共用部分）。腰かけて履物が履けるように土間にベンチを設置した

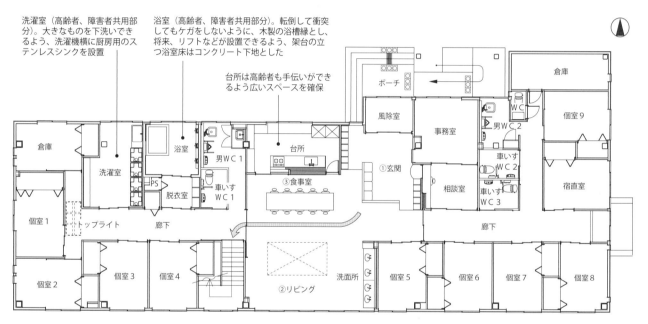

図6 1階平面図（高齢者共同生活階）（S＝1/200）

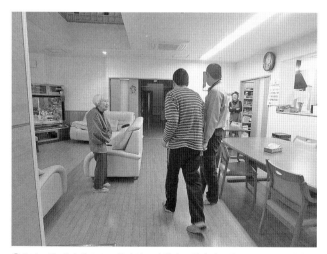

②リビング。外出先からの帰宅時に高齢者が障害者を出迎えている。障害者が生活する2階に上がるには1階のリビングを必ず通るため、交流が生まれている

③食事室。外出先から帰宅した障害者が作業をしている高齢者に話しかけている

平面計画とディテールへの配慮

　高齢者（1階）と障害者（2階）の交流を促すため、障害者が出入りする1階の動線上にリビングを配置した。障害者の日々の出入りの際に、1階リビングにいる高齢者との交流が生まれることが期待された。しかし実際は、障害者のリビング利用は1階ではあまりみられず2階の食事室利用が多かった。これは、入居している障害者が他者との交流が苦手であったためである。結果として1階の利用は高齢者と親子関係といった限られた関係をもつ障害者のみとなり、必ずしも狙い通りの結果とはならなかった。

　高齢者は排尿回数が多く、自立歩行の移動でも困難を伴う場合が多いので、利便性を考慮して高齢者トイレをリビングの両側に設置した。実際に生活が始まると、先に使用者がいる際に高齢者がリビングを横切って反対側トイレに向かう姿が見られた。トイレの使用頻度や使用時間が当初予想を上回ったため、また使用時間帯が重なるために、いつでもゆっくり使用できるとの当初の計画通りとはならなかった。

①2階食事室。リビング機能は1階を想定し、2階は食事室として機能するだけの広さを確保した

②吹抜けに隣接する廊下。本棚やいすが配置され、トップライトから差し込む光のもと、読書を楽しむ姿がみられる

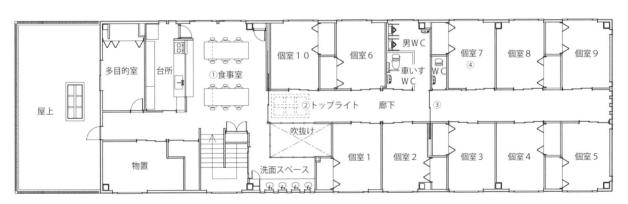

図7　2階平面図（障害者共同生活階）（S＝1/200）

③2階廊下。高齢者グループホームの夜勤者が見回る

④2階居室。建具（サッシ）は通風・採光を確保し、落下事故のないよう全開とならないデザインとした。左右の縦長窓が小さく開閉する

Design Focus | 共用空間から生まれる世代を超えたつながり

　日中、障害者は通所施設に通うため不在だが、室内に長くいる高齢者のリビングが明るく開放的になるよう1階高齢者リビングの上部に1.8m×3.4mの吹抜け・トップライトが配置されている。そのため2階廊下にも光が入ってくる。また、この吹抜けにより、2階から1階の気配が感じられ、2つのグループホームの接点としての機能も果たしている（**1**〜**6**）。

2 トップライトは、1階高齢者リビングと2階障害者廊下に光を届ける

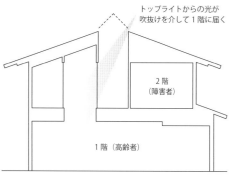

1 断面模式図（1/200）

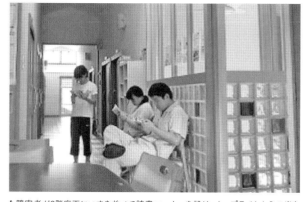

4 障害者が2階廊下にいすを並べて読書コーナーを設け、トップライトからの光を活用している

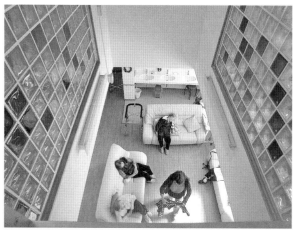

3 2階廊下から見下ろす。吹抜けには、転落防止を考慮しつつも光を採り入れるためガラスブロックと強化ガラスを使用している

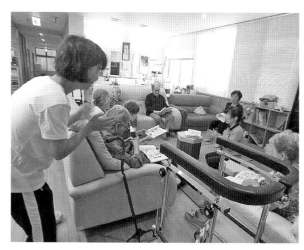

5 障害者が高齢者リビングで会話を楽しむ。このようなコミュニケーションはいつもみられる訳ではなく、親子関係があるようなごく一部の障害者に限られる

6 1階高齢者リビング。高齢者は居室にいる以外のほとんどの時をここで過ごす。全員が座ってテレビを楽しめるよう、ソファの位置を考えている

共生型グループホームの効果（図8〜11）

1. 新しい家族としての営み

　障害者の自主的な清掃や雪かきなどに対して高齢者が感謝の言葉をかけ帰宅を待ちわびるなど、互いを認め助け合う家族のような生活が営まれている。しかし、高齢者からの働きかけが主で、障害者からの接触はほとんどみられない。ここに暮らす障害者の多くがコミュニケーションを苦手としていることから、通常の家族のように、「子」が「親」に甘えたり、「親」が「子」を叱ったりすることはない。むしろ障害者への心配を通して、「親の役割」は「職員」が担っているように思われる。

2. 親子の共生と生活の継続

　ひとつ屋根の下で親子が暮らすことができるとともに、障害者が高齢化した際にも2階から1階に居を移すだけで暮らし続けることができる。

3. 役割の効用

　自主的な奉仕活動に対する感謝の意を受けて障害者の意欲が高まるとともに、認知症高齢者の内に子や孫に対するのと同様の温かい感情のよみがえりが感じられるなど、互いの存在が生きがいをもたらしている。

共生を支える住まいの理解を深める

　「翼」で実践されている共生の取組みが広く社会的に認知され、人生をトータルとして支えるシステムの構築とともに、それらを側面から支援するしくみづくりが求められる。

図8　帰宅時に息子が母親に近づき微笑みかけている

図9　休日に親子で共同作業をすることもある

図10　休日には障害者が自主的に高齢者フロアを掃除する。高齢者が一緒に掃除をすることもある

図11　高齢者が障害者に食事の作り方を教えている

本事例で行われた建築的配慮とその評価

箇所	設計	計画時の意図	評価	理由
高齢者リビング	玄関から階段への動線上に、高齢者リビングを配置	高齢者と障害者の交流を促す	○	高齢者が毎日リビングで障害者を送迎し、家族のような生活が営まれている
障害者食事室	リビング機能は1階を想定し、必要最小限の広さを確保	障害者が高齢者リビングに長く滞在することができるようにする	△	障害者の1階リビング滞在はあまりみられず、2階食事室滞在の姿が多くみられる
高齢者台所	十分な広さを確保	高齢者も手伝いができるようにする	○	手伝いのみならず、高齢者が障害者に調理方法を指導している姿がみられる
障害者台所	扉で区画	職員の不在時に出入りしないようにする	○	職員不在時は、1階高齢者台所を利用している
トイレ	高齢者は使用回数が多く、歩行にも支障がある	移動距離が短くなるよう、リビングの両隣に配置	△	先に使用者がいるたびに、リビングを横切って反対側トイレに移動する姿がみられる
吹抜け・天窓	高齢者リビング上部に吹抜けとトップライトを配置	高齢者リビングが明るく開放的になるようにする	○	2階から1階の気配が感じ取れ、2つのグループホームの接点としての機能を果たす
階段	階段上り口に引戸を設置	2つのグループホームのゾーン分離ができるようにする	○	適宜閉鎖し、互いのグループホームのプライバシーを確保している

2章 事例3

自律による自立生活の実現へ、地域に根ざした共同の住まいの創造

障害者グループホーム　はやぶさ

所在地：愛知県／運営法人：社会福祉法人輪音／開設年：2013年／定員：6人／設計：アトリエFOS一級建築士事務所・豊田工業高等専門学校加藤研究室／敷地面積：901㎡／建築面積：161㎡／延床面積：194㎡／構造：木造／階数：地上2階

図1　建物外観

本事例の概要

「はやぶさ」は愛知県豊田市に2013年10月に開設した、定員6人の知的障害者のためのグループホームである。障害者が自立生活へ移行するためのステップとなるように計画された（図1）。

障害者の「住まいの場」には、サービスとしては施設入所支援とグループホームがあるが、多くの人々は自宅で家族と暮らしている。親の高齢化や障害の重度化などで自宅での生活が困難になると、ある程度の生活自立が求められるグループホームへ移るのは困難で、施設に移らざるを得なくなることが多い。そして、施設に移ると一生そこで住み続けるのが普通で、そのなかで1人暮らしを選択することは難しい。社会の支援が十分でないこともあるが、障害者自身や家族も自立生活に対する不安を抱え、一歩を踏み出せないでいる。とくに、自立生活には、食事や排せつ、就寝といった身の回りのことだけでなく、家族や友人、地域住民との複雑なコミュニケーションが必要となることも心理的な壁となっている。そこで、スタッフが近くにいる安心感を得ながら、自立生活を体験し、自信をつけ、地域への一歩を踏み出せるようにと「はやぶさ」が計画された。

「はやぶさ」の空間的特徴は、当たり前の生活を支援するための充実した居室空間と、入居者と地域とのコミュニケーションを増やすための環境的工夫である。2014年現在、30〜40歳代の障害程度区分が2〜6（最も多いのは4）の、知的障害や自閉症のある入居者6人が暮らしている。

周辺地域

敷地は路地の入り組んだ地域にある（図2）。徒歩圏内にはスーパーやコンビニなどの店舗、こども園や小学校などの教育施設、子育てサロンなどの福祉施設があり、比較的利便性の高い地域である。

入居者は生活に慣れるに従い、作業や余暇活動などのために通う日中活動施設へ行く際に、その途中にあるコンビニで買い物をしたり、休日に近くの飲食店に1人で行ったりするなど、地域での行動範囲を広げている。

図2　周辺の概要

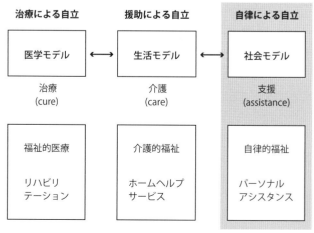

図3　福祉的援助の三類型

本事例の成り立ちと計画・設計のプロセス

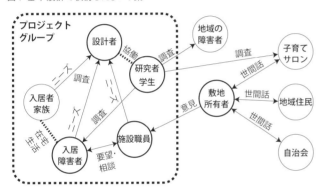

図4 基本設計で検討した3つの案

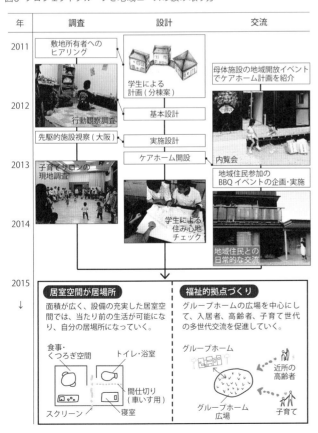

図5 プロジェクトグループと地域ニーズの汲み取り方

図6 設計のプロセス

自律による自立を目指す障害者を支援

- 障害者の自立に対するとらえ方は医学モデルから生活モデル、社会モデルへと変化し、現在は障害者が自分で生活をコントロールする「自律による自立」の支援が求められている（図3）。
- 運営法人の日中活動施設には知的障害が重くても、自分で生活をコントロールしたい、あるいは少し支援を受ければ生活できそうな利用者が何人かみられた。障害者の家族も将来は自分たちから離れ、自身で生活を営む重要性を認識していた。
- 運営法人は自律による自立の準備ができる居住環境として、ケアホーム（のちにグループホームへと制度変更）の設立を決断した。

敷地所有者の理解と協力

- 建設敷地は、敷地所有者が住居を構える土地で畑や駐車場にしていた部分を分筆してもらっている。
- 敷地所有者は長年この地域に暮らしており、地域住民や自治会とのつながりが深く、社会福祉の仕事に従事していることから、障害者の生活にも理解があった。

設計のプロセス

- 運営法人の職員が近隣の高齢者デイサービスを見学し、その設計に携わった高等専門学校の研究室に設計依頼をした。
- 基本設計は研究室で進められ、地域からアクセスしやすいメゾネット型と、居室の空間的独立性の高い分棟型を合わせた案に固まっていった（図4）。
- 運営法人の方針や入居希望者数から、自立生活へのステップとなることを目標にしたステップ居室を4部屋、身体障害の重い入居者のための居室を2部屋、計6部屋を用意することを決定した。
- 実施設計では、研究室の紹介で福祉施設の設計経験がある設計事務所に依頼した。
- 設計プロセスは、設計者、研究者、運営法人のスタッフのみで進めるのではなく、障害者や家族も含めたグループをつくり、さまざまなニーズを汲み取る体制とした。さらに、地域の子育てサロンや自治会などの意見も収集した（図5）。
- 入居者の自立生活の支援と、広場を介した地域の福祉的拠点の2つが実現するように、設計作業だけでなく、障害者の生活実態を把握する調査や、地域住民との交流も同時に進めた（図6）。
- しかし、福祉的拠点をつくることは多様な意見の集約が必要で想定以上に難しく、時間もかかることが分かった。開設後は継続的にイベントを開催し拠点づくり活動を行っている。

運営の工夫

- 運営法人は「はやぶさ」開設の前に、もうひとつのケアホームを運営しており、その経験をふまえた家賃設定をしている。
- 家賃は居室の広さにかかわらず月に5万円であるが、市と国からの補助を合わせると、入居者の実際の負担は3万円である。食費なども含めると1カ月の生活費負担は6万円ほどになる。
- 水道・光熱費は月に1万円を徴収しているが、これについては、入居者が自分で使用した量を認識しやすいように、1年間の費用を計算して、返金などを行っている。
- 将来、居室の広さによって家賃を変更するか検討している。

平面図で分かる設計のポイント

配置計画

建物の配置は、敷地形状を活かしながら、広場が中心になるよう「くの字」としている。広場は、現状では広いスペースがあるのみであるが、将来は隣接の子育てサロンに通う親子や、地域で家庭菜園をしている人が集えるような畑をつくり、もっと入居者と地域がつながる場となる計画である(図7、8、15～17)。

1階の構成

1階は4人の入居者が住む居室4室(居室3～6)と、食堂や浴室・脱衣室などの共用空間、玄関ホールのアプローチ空間からなる(図9～11)。1階は将来的に車いすの入居者も想定していることから、デッキも含めて段差のないフロアとなっている。1階の入居者はいずれも障害区分程度4以上と比較的重いが、居室3・4には身の回りのことが自分でできる入居者が暮らしている。

1階の中心には食堂がある(図12)。食堂は入居者6人およびスタッフ2人の計8人程度が集まれる広さである。ただし、広すぎる

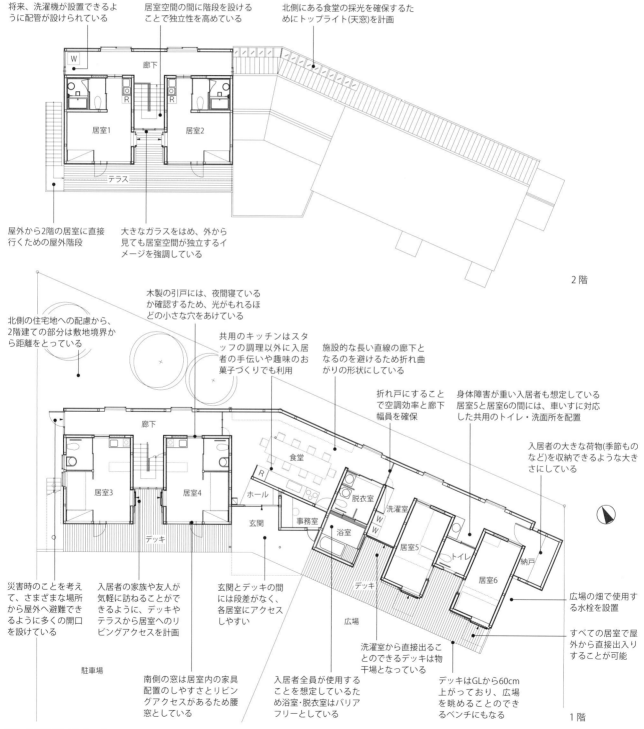

図7 各階平面図(1/200)

と家庭的な雰囲気を損なうため、車いすで通行できる最低限のスペースを確保し、できるだけコンパクトな空間になるように計画されている。

2階の構成

2階には1階と同じ面積の居室が2つ配置されている。2階の入居者は障害区分程度は2程度と比較的軽い。居室1〜4の間には、開放感のある階段が設けられ、空間的に居室が独立するように計画されている（図13）。また、地域から2階の居室に直接アクセスできるようにテラスには屋外階段がつくられている（図14）。

図9 共用の浴室・脱衣室。脱衣室と浴室の床の段差をなくしている。脱衣室には便器と汚物流しを設置している

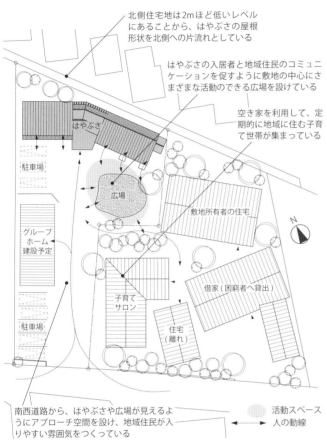

図8 配置図（1/700）

図10 1階の洗濯室。洗濯機が2台設置されている。居室1〜4の入居者は空いている時間に自分で使用し、洗濯物は自室で干している

図11 1階の居室5、6の間にあるトイレと洗面所。居室5、6は障害が重度で排せつに介助がつねに必要な入居者を想定しており、共用ではあるが、介助しやすい広めの水回り空間を計画

図12 食堂と通路。天井を低く抑えることで落ち着いた雰囲気を醸している。照明はダウンライト。通路を曲げ施設的にならないように工夫している

図13 居室を明確に分離する開放的な階段空間

図14 テラスに上がるための鉄骨でつくられた屋外階段

Design Focus | 自立生活を実現する「施設らしくない」居室空間

「はやぶさ」は居室空間が特徴的である。居室1〜4は面積が16.6㎡で、室内には洗面台やトイレ、ミニキッチンも備えており、一般的な施設の居室より広く、設備も充実している（**1**、**2**）。室内はカーテンで就寝スペースとリビングスペースに分けることもできる。また各居室には廊下からの出入口に加えてデッキやテラスから出入りするリビングアクセスがあり、そこにはインターホンが設置され家族や友人が訪ねやすい工夫をしている（**3**）。

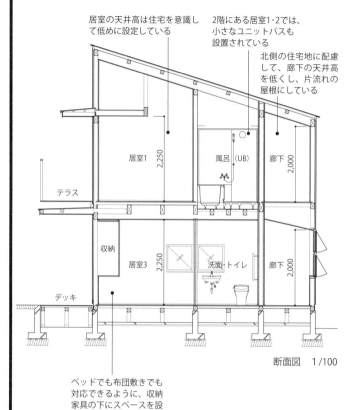

居室の天井高は住宅を意識して低めに設定している

2階にある居室1・2では、小さなユニットバスも設置されている

北側の住宅地に配慮して、廊下の天井高を低くし、片流れの屋根にしている

ベッドでも布団敷きでも対応できるように、収納家具の下にスペースを設けている

断面図 1/100

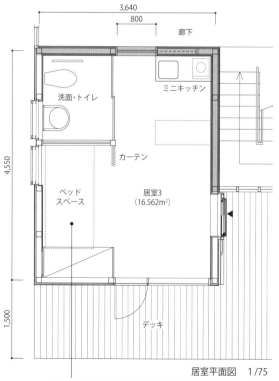

居室平面図 1/75

自立した生活を支えるため4つの居室には十分な広さと設備を設けた。居室を仕切ることのできるカーテンは、入居者のプライバシーの確保と一定の食寝分離を可能にする。また、車いす利用も想定している居室3・4では、トイレとベッドスペースの間仕切りを外すこともできる

1 居室2のミニキッチン。ワンルームマンション用のキッチンがあり、入居者は自分の必要な調理機器（IHコンロなど）を揃える

2 居室3内観。入居者が自分の好みに合わせて家具を配置しており、思い思いにくつろげる空間を作っている

3 居室2のリビングアクセス。インターホンを押して入居者の家族や友人が訪ねてくる。第2の玄関としてげた箱を置く入居者もいる

竣工後の生活と課題

竣工後、入居者は居室で簡単な食事や飲み物をつくったり、こもってゲームをするなど、居室を自分の居場所として使い始めている。家族が居室に入ることを嫌がる入居者も出てきた。リビングアクセスも活用しており、日中活動施設の仲の良いスタッフが夕方には友人として、施設内を通らずに直接居室へ訪ねてくることも多い。訪ねてきた人には入居者自らがお茶を振る舞うこともある。このように、自室において、自分の時間、そして他人とのコミュニケーションの時間を楽しく過ごす入居者の姿を、開設当初スタッフは想像すらしていなかった。また、充実した居室の設備は個人の生活リズムの確立を後押ししている。たとえば、自室にユニットバスがある2階の入居者は、自分で入浴の時刻を決めており、1階の共同の浴室はほとんど使用していない。

入居者は地域での自立生活に必要な能力と自信を驚くほど早く身につけ始めており、これからは1人暮らしに向けた支援を考える必要があるだろう。とくに、スタッフが調理・準備することの多い食事には、丁寧なサポート体制が求められる。また、施設の課題として、現在は駐車スペースとして利用している広場を、さまざまな交流のできる畑、すなわち地域の福祉的拠点にする整備も必要である。

図15 同じ日中活動施設に通う入居者は、徒歩で一緒に「はやぶさ」を出る

図16 2階のテラスとグループホーム玄関。半屋外空間は日常のコミュニケーションの場所にもなる

図17 広場では、地域住民を招くイベントが定期的に行われ、地域の子どもたちが遊びに来る

本事例で行われた建築的配慮とその評価

箇所	設計	計画時の意図	評価	理由
居室	ミニキッチンを設置	自分の生活をコントロールする	○	飲み物などをつくる入居者がいる
居室	トイレを設置	自分の生活をコントロールする	○	共用のトイレはほとんど使用しない
居室	食寝スペースの分離	他人を招き入れられる	○	友人やスタッフを招き入れる入居者がいる
食堂	ゆとりのあるキッチン	入居者が調理に参加できる	○	入居者が朝食やおやつをつくる
階段	居室同士の分離	階段吹抜けを緩衝空間として挿入する	○	入居者同士の適切な距離が保てる
テラス・デッキ	外から直接居室につながる出入口を確保	リビングアクセスを可能にし、地域との接点を増やす	○	友人や家族が利用しているが、1階は駐車場から見えるので植木で隠せるとなお良い
玄関ホール	十分な広さを確保	食堂と一体的な使い方を想定	△	人の出入りは分かりやすいが、食堂の空調が効きにくい
屋外	広場のスペースを配置	地域住民との交流を促す	△	普段は駐車スペースになっているが、今後、畑をつくる予定（現在はイベントで使用）

2章 事例4

個別支援の徹底と障害特性の理解が実現、利用者の特性に呼応した環境づくり

強度行動障害グループホーム レジデンスなさはら　1番館・2番館・3番館

所在地：大阪府／運営法人：社会福祉法人北摂杉の子会／開設年：2012年／定員：1番館7人、2番館7人、3番館6人／設計監理：二井清治建築研究所／敷地面積：2373.86㎡／建築面積：760.98㎡／延床面積752.76㎡／構造：木造／階数：地上1階

図1　建物外観

図2　敷地内通路

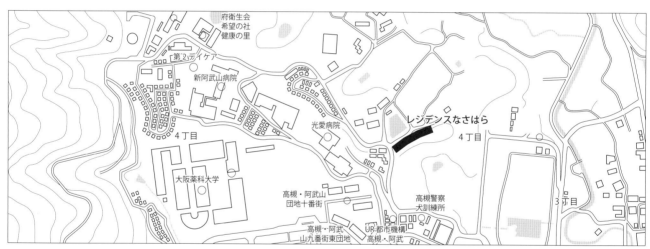

図3　周辺の概要

本事例の概要

「レジデンスなさはら」は、障害者自立支援法によるケアホーム（共同生活介護）として2012年3月に竣工した（2014年にグループホームに一元化）。大阪府高槻市にあり、社会福祉法人北摂杉の子会（以下、「杉の子会」）が運営する作業所に通う人のなかで、重度の知的障害や強度行動障害がある人の暮らしの場として建設された。強度行動障害は、知的障害のなかでも多動、自傷、異食など、生活環境への著しい不適応行動が多いため日常生活を営む上で著しい困難がある状態をいい、手厚い支援体制を必要とするためグループホームでの対応が難しいとされてきた。この事例は3つのホームが集まり連携することで支援体制を整え、1人ひとりに合わせた住まいをつくることによって、行動障害のある人たちの地域での生活を実現したものである。

杉の子会が長年培ってきた自閉症者支援の経験や、先進事例の調査によって得た知見をふまえ、個別評価に基づき、個々の入居者に合わせて人的・物理的な見通しを立てる環境を整えることを支援の基本とした。

職員体制は、図5に示すように組織的で統一した支援を提供できるものとし、職員相互のチェック機能による虐待防止システムの構築につなげている。

周辺地域

「レジデンスなさはら」の敷地は、高槻市の北部、奈佐原地区に位置し、南側は山林、北側は眼下に畑が広がる市街化調整区域である。前面道路を挟んだ近隣は市街化区域であり、整然と開発された住宅地となっている（図1～3）。

入居者が日中通う作業所から「レジデンスなさはら」までは、車で10分ほどの距離である。入居者は全員、送迎車を利用し作業所と「レジデンスなさはら」を往復する。週末には保護者の住む実家に帰省する人がほとんどである。「レジデンスなさはら」の生活では現在、20人中16人がガイドヘルパーを利用して、買い物など地域での余暇活動を行っている。

本事例の成り立ちと計画・設計のプロセス

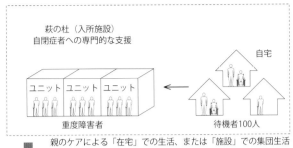

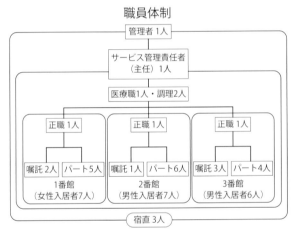

図4「レジデンスなさはら」における生活のイメージ

図5「レジデンスなさはら」の職員体制

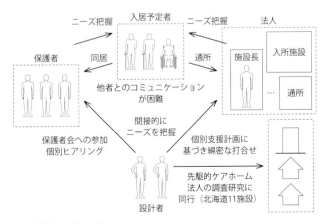

図6 設計者の設計の進め方

強度行動障害グループホームとは
- 共同生活を営むべき住居において相談、入浴、排せつまたは食事の介護その他の日常生活上の援助を主に夜間に行う。
- 「レジデンスなさはら」では、とくに重度の知的障害や強度行動障害のある人が地域で暮らすために3つのホームが連携し、食事や管理面、職員の相互扶助などの面で協力体制をとって運営を行っている(図4、5)。入居者の障害程度区分は計画時、区分6が17人、区分5が2人、区分4が1人である。

地域に暮らす試みの始まり(図5)
- 運営母体の杉の子会は、「地域に生きる」を理念とし、包括的支援体制を進めてきたが、運営する入所施設(萩の杜)は待機者数が100人を超え、彼らが地域のなかで普通に暮らせるグループホームの整備が必要であった。
- 厚生労働省平成21年度障害者保健福祉推進事業「強度行動障害を持つ自閉症者の地域移行を支えるGH・CH、および入所施設の機能の在り方に関する先進事例研究」(以下、「先進事例研究」)を行い、そこで得られた知見をグループホームでの支援に活かし、強度行動障害を伴う人たちの支援モデルとしていくことを目指している。

開設・建設資金と運営のしくみ
- 事業者が自ら介護サービスを行う介護サービス包括型を選択している。入居者個人がガイドヘルパーを利用することもある。
- 建設費には、国庫補助金、市助成金、福祉医療機構借入金を利用。ケアホーム用地は杉の子会が借地。
- 支援費収入と利用者負担の生活費を資金として運営。

設計者との出会い
- 2000年、設計者が知的障害のバリアフリー環境研究の一環として、先駆的に自閉症者支援に取り組んでいた杉の子会関係者にヒアリングを行い、その後の縁で、同会が運営する通所施設の設計に関わった。
- 「レジデンスなさはら」は、用地選定の初期段階(2009年)から設計者が相談を受け、複数の基本計画案を作成し、実施設計に至る。

設計者はどのように利用者のニーズを調べたのか(図6)
- 「先進事例研究」の国内調査に設計者も参加し、行動障害の特性と環境整備について知識を共有した。
- 入居者本人は他者とのコミュニケーションが困難なことから、日中活動を通じ入居者をよく知る施設長が作成した個別支援計画をもとに、具体的な入居者の組合せから棟および部屋の配置を決定。これをもとに、杉の子会と入居者家族、さらに設計者も参加した複数回の会議やアンケート調査により、個々のニーズを把握した。
- 具体的には、てんかん発作がある、小さな音にも反応し眠れなくなる、壁紙のはがれが気になりはがそうとするなどの行為に対し見守り用の小窓、防音設備、板壁の設置など、入居者の安全を確保し、ストレスを軽減する建築計画が求められた。

平面図で分かる設計のポイント

全体構成（図8〜17）

　前面道路から敷地内に設けた通路に面して1番館、2番館、3番館が並ぶ。棟の間を倉庫でつなぐことにより、建築基準法上は一棟の建物として扱われている。

　棟ごとに独立した玄関をもち、中央に居間・食堂を配して南北に風が抜けるよう計画した。居室はすべて南側に面し、独立したテラスをもつ。各棟に入居者の食事を用意する台所を備えるが、1棟をメインの厨房とし、ほかの2つの棟に食事を運ぶ。そのため玄関を通らず台所へ直接出入りできる勝手口を設けた。

　グループホームの入居者が早い段階で決まっていたこともあり、個々人の暮らしのニーズや障害特性に合わせて、グルーピングや部屋の配置、居室のしつらえなどを計画した。

　1番館には女性7人が入居し、5人と2人のエリアに分けている。廊下をドアで仕切った2人エリアのうち1人は音に対して敏感なため居室に前室を設け、専用の便所も計画した。

　2番館には男性7人が入居し、居間・食堂を中心に左右に廊下が伸び、廊下に面して居室が並ぶ。他者との関わりにより自傷や他害などの不安定な行動を取ることから、入居者の動線がなるべく重ならないよう便所や浴室は両端に分散して設けている。

　3番館は重度知的障害と強度行動障害のある人が対象となっており、2人と4人のエリアに分かれる。ここは、玄関や食堂・居間も別に設け、人による刺激を極力少なくしている。

家具・建具

　居室の家具は各自が持込みで、それぞれの好みの環境をつくっている。衣類収納の造作家具については標準タイプを示して各保護者に希望を聞き、大きさや鍵の有無を決めた。居室の扉については、力加減が難しい人には衝撃を吸収してゆっくり閉まる（ソフトクローズ）扉を選定し、見守り用の小窓からの視線が気になる人にはマジックミラーを取り付けた。

標準仕様とオプション

　入居者のなかには音に敏感な人やラジオを大音量で聞きたい人がおり、防音設備が求められた。すべてを防音仕様にすると建設費が大きくアップすることから、居室の壁・扉・窓サッシの防音についてオプションとして別途追加費用を見積もった。

設備的な配慮

　床暖房のコントローラー、非常通報装置、空調機の温度設定などは安全のためスタッフルームで一元管理した。空調機や照明器具の破損に対しては、出っ張りをなくすため天井埋込み型を採用している。

ディテールの配慮

　スタッフルームや台所から見守るため窓は格子を使い、木質の柔らかさを与えた。内側の様子が気になる入居者のために、ロールスクリーンを取り付けて視線を遮りコントロールしている。

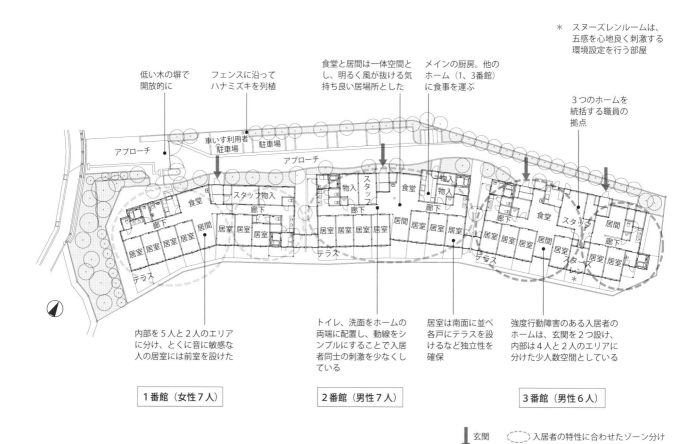

図7　配置図兼平面図（1/450）

図9 3番館の食堂・居間の家具レイアウトでは、個別の席を用意し、他の入居者からの刺激を避ける工夫として簡易衝立が使われている

図10 各居室のドアは向かい合って配置せず廊下に面して設けられ、出入りの際、ほかの入居者とのトラブルを回避する。左が居室ドアで、右がトイレなどのドア

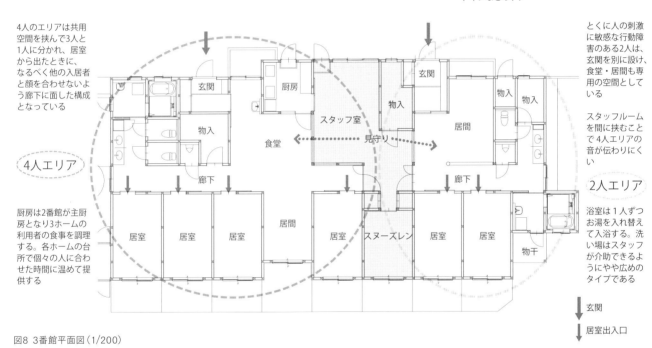

4人のエリアは共用空間を挟んで3人と1人に分かれ、居室から出たときに、なるべく他の入居者と顔を合わせないよう廊下に面した構成となっている

厨房は2番館が主厨房となり3ホームの利用者の食事を調理する。各ホームの台所で個々の人に合わせた時間に温めて提供する

とくに人の刺激に敏感な行動障害のある2人は、玄関を別に設け、食堂・居間も専用の空間としている

スタッフルームを間に挟むことで4人エリアの音が伝わりにくい

浴室は1人ずつお湯を入れ替えて入浴する。洗い場はスタッフが介助できるようにやや広めのタイプである

図8 3番館平面図（1/200）

図11 3番館の2人エリアの食堂・居間。1人は自室で食事を取っている。嗜好調査による個別メニューが提供される。テレビは倒したりしないよう頑丈な箱をつくり、なかに入れている

図12 重度の人の居室の壁は壁紙をはがさないよう合板張り。空調機は羽を壊すため手が届かない天井埋込み型。アルミサッシは足で蹴って破損しないよう横桟で補強している

Design Focus | 標準仕様＋個別ニーズによるオプション仕様

　居室の標準仕様は、ある程度の防音性能と頑丈さをもたせつつ、見守り機能のある家庭的なしつらえとした。壁はプラスターボード（厚さ12.5mm）を二重張りとし、小屋裏まで立ち上げて区画している。サッシは横桟で補強、窓は強化ガラスを使用している。
　オプションの内容は、壁紙のはがれが気になる人には壁紙の代わりに高さ1900mmまでシナ合板張りとし、破壊行為の恐れのある人には天井埋込み型照明器具、ガラスを割ることへの対策としてポリカーボネートの窓、マジックテープのカーテン吊りなどを用意している。とくに防音を必要とする人には、防音壁（遮音パネル厚さ12.5mm＋プラスターボード厚さ12.5mm、グラスウール24kg/㎡、厚さ100mm充填）、防音扉、防音サッシを選択できるようにした。防音タイプの居室は8室あり、図の特別居室はとくに音に敏感な利用者で前室を設けている。

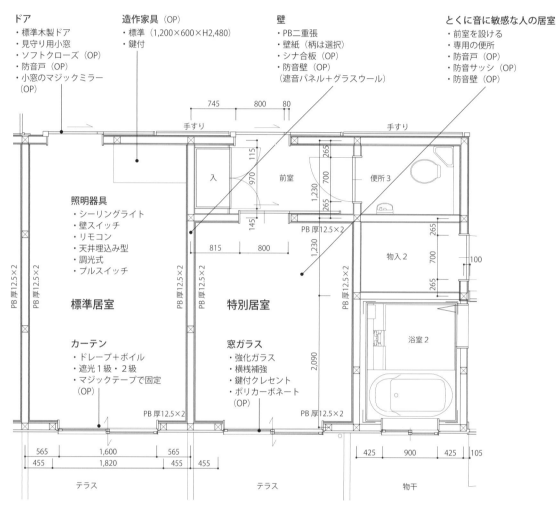

標準・特別居室平面図（1/60）　　　　　　　　　　　　　　OP…オプション

2番館の居室。隣室との壁は防音壁、仕上げは標準仕様の壁紙。カーテンは標準仕様のドレープとボイルで、遮光性や色は個別に選定

1番館の居室。壁面にピクチャーレールを取り付けている。個別支援計画に基づきスケジュールボードや家具配置など、ニーズに応じた支援が行われている

図13 2番館厨房から食堂・居間の様子を見る小窓がある（写真右）。格子を入れて家らしいしつらえに。なかからロールスクリーンで遮蔽できる

図14 1番館の居間。ほかの入居者と一緒にいるのが苦手な人のために仕切りのカーテンレールを設け、1人でいられる場所をしつらえている

図15 スケジュールの見通しができない人のために、曜日ごとに日中、外出、夜の予定をひと目で分かるよう示した個別ボード

図16 1番館の朝食風景。6時から7時半の間で各自が好きなときに食べる。集団生活を強要せず、個々に暮らしやすい環境を整備

図17 段差のない玄関。床仕上げを明確に変えることで靴を脱ぐ場所が分かる

本事例で行われた建築的配慮とその評価

箇所	設計	計画時の意図	評価	理由
玄関のかまち	段差をなくし、仕上げ素材にタイルとフローリングを使用	バリアフリーであることと、家らしい雰囲気にするため	○	靴を脱ぐ場所が分かりやすい
壁	プラスターボード二重張り	入居者が壁紙を破いてしまわないようにと、破壊行為に対し頑丈に	○	頑丈で破れにくい
テレビカバー	集成材で頑丈に設計	テレビの保護とインテリアとしての質の確保	○	テレビが壊れない
床暖房	居室、居間・食堂、脱衣室	空気が乾かない穏やかな暖房	△	電気代が高い
防音壁	希望箇所を防音仕様	音がもれない、入ってこない	○	音刺激の遮断に役立っている
居室の壁の仕上げ	壁紙と板壁の2種類を使用	障害特性に応じた環境を提供	○	壁紙を破る人には板壁がよい
洗面	棟の両端に2台ずつ並べて設置	複数あるほうが使いやすい	△	隣に並んで利用するとトラブルになるため別々に設けるほうがよい
居室の配置	廊下に面して配置	部屋から出たときに刺激が少ない	○	人の刺激によるトラブルが少ない
便所	棟の両端に配置	動線が重ならないように	○	同上
のぞき窓	目の位置に開閉式の小窓を設けた	ドアを開けずに様子が確認できる	△	ほかの入居者がのぞく
スヌーズレンルーム	重度の棟の中央に設置	装置を備えて余暇に利用する	×	全員個室なので、自分の部屋で余暇を過ごすため利用がない

3章

在宅生活を支援する地域施設

　「地域施設」と言うと、普通には学校や図書館、老人福祉センターなど、地域での活動拠点が思い浮かぶのだが、ここで私たちは「地域施設」を少し違った意味合いで使っている。すなわち、「住まい」と「地域」のなかで「暮らし」をつくり出すための施設という意味だ。

　「住まい」のなかで生きているだけでは、地域のなかで暮らしていることにはならない。それは、「住まい」のなかで隔絶された、ある意味では「施設」での生活と変わらない。人は、地域や何らかの社会的つながりのなかに置かれることで、初めて「人として」生きることができる。そのように考えたとき、「住まい」の外側で生活を支える諸機能、すなわちここでいう「地域施設」の存在は、実は欠かすことのできない存在だ。

　そのような「地域施設」は、これまで「福祉施設」と呼ばれてきたような通所型の施設であったり、あるいは地域で誰でもが悩みを打ち明けられる「保健室」のような場であったりと、その様相は多様である。仕事をする場所もとても重要な「地域施設」と言えるし、仕事が終わった後に友人たち集まり、気の置けない時間を過ごすことのできる「たまり場」だって重要だ。

　実に多様な諸機能が地域にちりばめられて、はじめて「住まい」での「暮らし」が可能になる。そのような状況が具体的にどのようなことか、本章にまとめられた事例からは読み取ることができる。

「暮らし」は「住まい」と「地域」でつくられる

在宅生活を支援する地域施設

1.「暮らし」は「住まい」だけではつくれない

これまでの章では、自宅や地域で住み続けるための工夫について取り上げた。それらの事例には、「暮らし」は「住まい」だけではなく、「地域」との関係でつくられている様子をみることができる。しかし、現状はさまざまな側面で、「暮らし」や「住まい」と「地域」とのつながりが十分ではない。たとえば、戦後都心部に建てられた住宅団地では、入居者の高齢化や単身化が進み、孤立する事態が多数発生している。また、高齢者や障害児・者の日中の活動を支援する場も不足しているのが実情だ。加えて、障害のある人々がごく普通に集まり飲食ができる「たまり場」のような場所の数も、多くはない。

2. 在宅生活を支える諸機能とはどのようなものか

2-1. 高齢期における地域とのつながり

在宅生活を送る高齢者と地域のつながりを考えると、まず思いつくものは在宅での介護であろう。2013年現在、高齢者の世帯構成は、世帯主が65歳以上の単身世帯および夫婦のみ世帯が世帯数全体の2割以上を占め、今後その割合は増加を続けると推計されている。そのため、在宅介護へのニーズはさらなる増大が見込まれる（図1）。また、在宅医療も重要だ。統計からは、たとえば訪問看護の利用は「40歳未満の人や要介護・要支援以外の人の利用」が約9.9万人、「要介護・要支援の利用」は28.7万人を数える。利用者数は2001年からの10年間で前者が2.02倍、後者が1.52倍になるなど、在宅医療のニーズは増加し、また多様化している[1]。

しかし、それ以前に重要なことは、そもそも高齢者自身がどのようなサービスが必要なのかを知ることであり、またその人に合わせたサービスを本人と一緒に考えることのできる支援者の存在である。加えて、本人の状況が変化したときに素早く察知できるような、日常的な関わりも欠かせない。そのためには、本人が孤立しないように、日頃から気軽に立ち寄れる場所も必要だ。

2-2. 障害児・者と地域とのつながり

障害のある人々は全国に約740万人存在すると推定される。その数は増加傾向にあるが（図2）、生活の場をみると施設に比べて在宅で生活する人が圧倒的に多いことが分かる。このような人々が地域で必要とする場所としては、まず通所型の施設が考えられる。

CHECK !

在宅生活を支えるサービス 社会福祉サービスと保健医療サービスがあり、具体的には、自宅から施設に通って、または施設に短期間入所して利用するものがある。在宅サービスはわが国では1970年代後半より普及した概念である。登場の背景には、高齢化社会を迎えニーズが増大したこと、イギリスや北欧における「脱施設化」の動きやコミュニティケアへの政策転換、ノーマライゼーションの思想の広まりなどが挙げられる。

在宅での介護 サービス内容は訪問介護や訪問看護、居宅療養管理指導といった訪問系のものと、デイサービスといった通所系のものがある。

在宅医療 提供体制は退院支援、日常の療養支援、急変時の対応、看取りの4つから構成される。

訪問看護における給付について 国は、介護保険の給付は医療保険の給付に優先することとしている。そのため、要介護被保険者については介護保険で給付が行われ、「末期の悪性腫瘍、難病患者のうち主治医の指示がある要介護・要支援者」と「40歳未満の者」、「要介護・要支援者以外の者」は医療保険による給付が行われる[2]。

障害児・者の人数 近年、増加傾向にあり、障害児を例にとると、発達障害児の増加や脳性まひ発症率の増加、在宅の重症児の増加などがみられる。

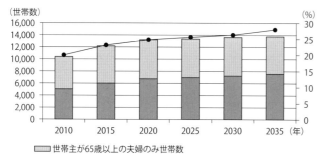

図1 高齢者の世帯に関する状況

通所施設はこれまで高齢者や障害児・者など、対象者別に整備されてきた。それは制度上の制約もあるのだが、特定の障害のある人ばかりが集まる状況は、はたして自然な「暮らし」だろうか。「通所施設」とは呼ばれるものの、そこは利用者の日中活動の主要な場所であり、社会との接点だ。そのような場所は、より多様な人々に開かれていてほしい。

2-3. 生活の場所がなければ「地域」ではない

私たちが日常、目にする「地域」とは、どのような要素でできているだろうか。多くの人にとって、そこは働く場所があり、買い物をする場所があり、仕事のあとや気が向いたときには、友人たちや家族と集まり、食事をしたり語り合ったりすることができる場所があるはずだ。これは、高齢者や障害者にとっても同じであるべきだが、現状はなかなかそうはなっていない。

身体に障害のある人々が働く場合、職場環境、とくにトイレがアクセシブル（利用しやすいこと）であることは欠かせない。しかし、車いすでアクセスできるトイレを備えている職場があるだけでは十分とはいえない。仕事のあと家族や友人と集まり、飲食できるような場所もほしい。このような、普通の暮らしをするための場所が、地域には圧倒的に不足している。

3. 在宅生活を継続するときに生じている困難

在宅での生活が豊かなものであるべきだという考えの根底に、ノーマライゼーションの思想がある。この思想の流れを汲んで地域に必要なものは、「医・食・職・住・友・遊」と表現される。食事を楽しむことや友人との交流、多様な人とのふれあいが当たり前に享受できるものでありたいが、それが可能な場が少ないのが現状である。とくに家族の介護力が低下しているといわれる今日、在宅生活を支える諸機能が地域に強く求められている。

そこでこの解説では、在宅生活を支える地域施設のうち、本章で取り上げる相談支援施設、共生型福祉施設、障害者の賃貸住宅とたまり場について、建築面から考えられる配慮についてまとめる。

CHECK!

ノーマライゼーション ノーマライゼーションとは、提唱者によってさまざまな解釈をされる用語であるが、一般的には次の事柄を示す。
「デンマークのバンク・ミケルセンが精神薄弱者の処遇に関して唱え、北欧から世界へ広まった障害者福祉の理念。障害者を特別視するのではなく、一般社会の中で普通の生活が送れるような条件を整えるべきであり、共にいきる社会こそノーマルであるという考え方である。」（「精神薄弱者」という表現は、現在では「知的障害者」という表現に統一されている）[3]

「医・食・職・住・友・遊」 在宅生活を含め人々が当たり前の生活を送るため、「衣食住」をベースにして地域が備えるべき条件がうたわれている。それがこのフレーズであり、このほか「意・経・学・農・専」などを含めるものもある。「医」は地域医療や良質な医療、「食」は安全・安心な食材や食事、「職」はやりがいや社会的意義のある仕事、また昼間の活動、「住」は生活の基盤となる住まいや施設、「友」は助け合い支え合える友人、「遊」は人生を豊かにする楽しみ、である[4)5)]。

共生型福祉施設 身近な地域において、高齢者や障害児・者、子どもやその他の地域住民が一緒に利用し、必要な福祉サービスを受けたりコミュニティ活動の拠点となったりする場であり、近年各地で設置が進められている。先駆事例の1つに富山型デイサービスがある。特徴は、①利用者を限定しない、②一般住宅をベースとして利用者は概ね15人程度と家庭的な雰囲気が保たれている、③住宅地に立地し地域との交流が多い、などである。2003年には「富山型デイサービス推進特区」の認定を富山県と県内の3市2町が受け、①介護保険法による指定通所介護事業所における知的障害者および障害児・者の受け入れ、②身体障害者福祉法による指定デイサービス事業所および知的障害者福祉法による指定デイサービス事業所での障害児の受け入れ、が可能になった。この特例措置が2006年から全国で実施されるようになり、地域共生型サービスとしてその数が増加している[6)7)]。

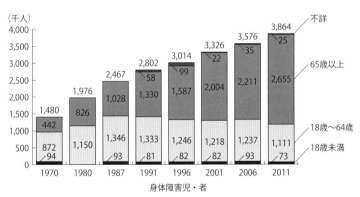

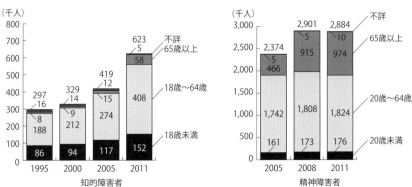

図2 身体障害児・者、知的障害者、精神障害者数の推移

4. 建築的にサポートするためのアプローチ

4-1. 地域とのつながりのなかで

高齢者や障害児・者、あるいは自宅で訪問看護を利用しながら暮らす人々の在宅生活を支えるための施設には、まず立地が重要である。人々が足を向けやすい、または認識しやすい立地にあることで、利用が促されたり支援が届きやすいものとなったりする。たとえば、人々の往来がある通りや公共施設の近く、人々が暮らす住宅街といった場所である。事例1で紹介する「暮らしの保健室」は集合住宅団地の1階、事例3で紹介する「ユニバーサルスペース夢喰夢叶（むくむく）」は主要駅近くの商店街に立地している。

4-2. 空間構成の考え方

地域に開かれた暮らしをサポートする施設は、まずは訪れた人を温かく迎え入れ、ほっと息をついてもらえるような場でありたい。そして矛盾するような条件、つまり「初めての人が訪ねやすい気軽さ」と「プライバシーが守られる」「1人で落ち着いて情報収集ができる」「専門職の情報共有や集いの場となる」などの条件を満たすことを考慮すると、建物の内と外の境界のつくり方や室内の各スペースのつながり方について慎重なデザインが求められる（図3、4）。

CHECK！

既存建物の転用 地域施設で地域とのつながりや既存の社会資源を活かすためには、既存建物を転用する方法があり、全国的にも注目を集めている。転用を行う場合には、建築制度（建築基準法、消防法、建築物の耐震改修の促進に関する法律など）と福祉制度（老人福祉法、介護保険法、児童福祉法、障害者自立支援法など）の両側面が関わってくることに留意したい[8]。

建築のユニバーサルデザイン 障害のある人はもちろん、すべての人にとってやさしい建築環境を実現させるためにユニバーサルデザインのあり方を建築面で探求した「建築のユニバーサルデザイン実現への5つの鍵」というものが示されている[9]。バリアフリーにとどまらない建築のあり方が模索されている。

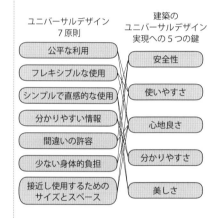

図3 がん患者とその家族のための相談機関の室内。療養に関する情報コーナー（手前）と奥のリビングエリアが緩やかにつながっている。リビングエリアは庭からの採光により明るさがもたらされている（マギーズ・キャンサー・ケアリングセンター／イギリス）

図4 リビングスペースにいると、窓越しに通りの様子をうかがえるが外からこちらが丸見えでないことが感じられる。窓枠やブラインドによって、ほど良い距離感と「守られている感覚」を得ることができるため、利用者が落ち着いて過ごせる環境になっている（暮らしの保健室）

4-3. 利用者の多種多様な特性を想定する

地域共生型施設のような、多様な利用者が予想される場所を計画するには、環境のつくり込みに注意しなければならない。事例2で紹介する「富山型デイサービス ふらっと」（図5）では、知的障害や発達障害のある利用者が多いが、そのような人たちは環境に対する過敏さや環境変化に対する適応の難しさをもつ。そのため、環境を家庭に近づけることで、在宅生活とのギャップやそれに伴う混乱を軽減している。また、行動障害のある利用者でも安心して利用できるよう、照明や家具類などが人の手によって壊れないようにしつらえることも重要だ。

4-4. ユニバーサルデザインの追求

地域に誰でも集える場所や住める場所をつくるには（図6、7）、既存の建物を改修する方法も効果的である。多くの場合は台所やトイレなどに段差があり、そのまま使うことは難しいが、スロープを設置することによりアクセス可能になる場合もある。洗面台やカウンターの高さ、机やいすの大きさと配置を工夫することも効果的だ。利用者の声や生活の様子に丁寧に向き合い、細かな工夫を積み重ねることで、解決できる課題は多い。

図5 アルコーブをつくることで一体感を保ちつつも場を分節化できるので、利用者の個別性の高い過ごし方と職員の見守りやすさが両立されている（富山型デイサービス「ふらっと」）

図6 年齢や障害を問わず利用できる美容室。建物の設計に介護福祉士資格をもつ美容師が参画したことで、通常は段差のあるシャンプー台回りも含めてバリアフリーが実現した。シャンプー台といすは車いすからの移乗のしやすさと身体への負担の少なさを考慮し選定されている（C-CORE東広島内にあるSwitch美容室）

図7 一般賃貸住宅のうち、障害者や高齢者の入居が想定され、車いす対応の仕様がなされた1LDK（48㎡）の住戸。トイレは洋室と洗面所の2室から利用できる。こうした住戸の稼働率は、一般の住戸に比べて高いという。建物の1階には共用空間があり、そこでの定期的なイベントを通じて賃貸住宅の住民や地域住民の交流が深められている。建物の設備と、共用空間を活かす企画運営が好循環を生み出している事例である（C-CORE東広島）

3章 事例1

ワンストップよろず相談、空き店舗活用で地域の暮らしを支える

暮らしの保健室

所在地：東京都／運営：NPO法人白十字在宅ボランティアの会／協力：ケアーズ白十字訪問看護ステーション／開設年：2011年／設計監理：かいアソシエイツ浦口醇二（協力：橋本和文）／延床面積：70㎡／構造：RC造／階数：地上14階の1階部分

図1 外観

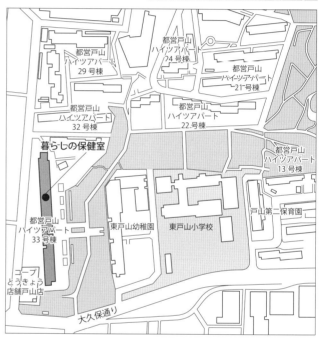

図2 周辺には集合住宅や商店が立ち並ぶ

図3 周辺の概要

誰でも立ち寄れる。介護や医療などに悩む人々を支える場所

暮らしの保健室は、高齢者や病気療養中の人、介護者といった人々の気持ちに寄り添いながら、地域や在宅での生活を支援するための相談機関である（図1）。主な利用者は東京都新宿区牛込地区の在宅高齢者やがん患者らであるが、老若男女問わず誰でも利用できる。相談内容は、健康や医療、介護について、そのほかにも暮らしに関わるさまざまなことが対象である。

相談に際し、費用や予約は必要ない。まず、看護師やボランティアスタッフが相談を受け付ける。そしてケースによっては地域の医療機関や福祉協議会などの社会福祉機関、行政との連携を図るなど、利用者の個別状況に応じたきめ細やかな支援につなげる体制が取られている。利用に際しては気軽に入りやすく、対象者の区分もないが、提供される支援は専門性と個別性が高いという、これまでにない画期的なよろず相談所である。

オープンから月日が経つにつれ、相談事がなくとも住民が集い、ひとときを過ごすサロンのような場にもなってきており、在宅生活の見守りの役割も担っている。それに加えて、地域住民への健康講座や医療・福祉専門職の集う勉強会も開かれ、地域生活や在宅療養を支える人々が出会い、結びつく場としての機能を果たしている。暮らしの保健室は、まさに今日の社会に求められる生活支援のあり方を体現した場なのだ。

周辺地域

東京都新宿区の戸山公園を囲むように都営住宅と東京都住宅供給公社の分譲住宅が並ぶ戸山ハイツには、飲食物や生鮮食品、日用品などを扱う商店街がある。33号棟の1階には約20の店舗があり、そのなかに暮らしの保健室はある（図2、3）。戸山二丁目には約3400世帯、5600人が暮らすが、独居率は約40％、高齢化率は50％を超え、高齢化が著しい地域である。近隣は、大学病院や総合病院、医療の研究機関などの大型の医療施設が林立するエリアでもある。

本事例の成り立ちと計画・設計のプロセス

図4 マギーズのキッチンとリビングの様子（マギーズハイランドの事例）

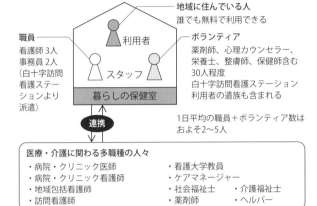

図5 暮らしの保健室をめぐるネットワーク

表1 主なサービス・活動内容
平日の9〜17時に開いており、以下の相談などが行われている。
週末にイベントが開催されることもある。

- 健康・栄養などの相談
- がん患者とその家族の相談
- 介護・福祉の相談・情報提供
- 暮らしでのお困り事の相談
- 整膚（リラクゼーション施術）
- 健康や暮らしに関する勉強会
- 薬の飲合せの相談
- 入院中の方の退院・在宅医療の相談
- 病院と地域の医者の橋渡し

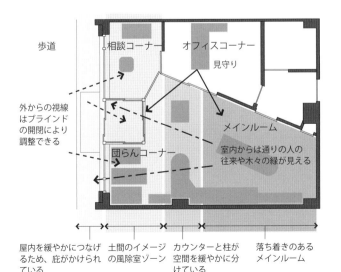

図6 空間構成ダイアグラム

誰もが抱える悩みに寄り添う場をつくりたい

- 白十字訪問看護ステーションの統括所長・秋山正子氏は、新宿区で20年以上にわたり訪問看護に取り組んできた。在宅療養を支えるなかで、住み慣れた環境での生活には人のもっている力を引き出す大きな可能性と魅力があると感じていた。
- しかし、在宅での療養・生活にはさまざまな不安がつきものだ。秋山氏は、利用の制約が大きい病院の相談窓口では、在宅の人々が抱える不安に寄り添いきれないと感じていた。老いや病気からくる不安に寄り添い、望んだ人生を生き抜く過程こそを支援する場をつくりたいという思いを強くしていた。

マギーズ・キャンサー・ケアリングセンターとの出会い

- 秋山氏は2008年にイギリスの「マギーズ・キャンサー・ケアリングセンター」（以下、マギーズ）に出会った（図4）。マギーズはがん患者とその家族・友人のための相談機関であり、イギリス内外に約20ヵ所を数える[1]。情報提供のみならず、がん患者を勇気づけ、彼ら／彼女らが前向きな気持ちや意志を取り戻し歩み出せるような支援を行っている。
- マギーズでは建築環境が重要視されており、環境面の要件が細かに設定された「architectural brief」[2]がある。たとえば「分かりやすく、人を迎え入れる玄関」「キッチンにはセミナーや話し合いができるよう12人で囲めるテーブルを備える」「ひとりで泣けるトイレ」「屋外はキッチンから出入りしやすく、室内との連続性がある」といったものだ。これまでザハ・ハディッドやレム・コールハースなど著名建築家が設計を担っている。
- マギーズの空間に触れ、秋山氏は「小さな空間に机といすだけ」という日本の相談窓口の常識を覆したいとの思いを強くした。

「暮らしの保健室」の実現

- マギーズのような場づくりに奔走していた2010年晩秋、団地の空き店舗提供の申し出を受けた。団地住民はもとより周辺の医療機関の患者にも役立つと考え、店舗を借り受けた[3]。
- 保健室は2011年7月に開設した。2年間は厚生労働省モデル事業「在宅医療連携拠点事業」により運営され、2013年度からの2年間は東京都から補助金を受けている。
- 職員とボランティアに加えて多職種の専門家との連携を保ち、相談支援や勉強会の活動も盛んに行われている（図5、表1）。

空間のイメージと設計者への要望

- コンセプトは「保健室みたいなもの」。それは、学校の保健室のように少し具合が悪いときや悩みごとがあるとき、そして何もなくても誰かと話したいときに気軽に立ち寄れる場、である。
- 設計者は、自身の親族の在宅看護を通じて秋山氏との付き合いが長く、マギーズへの訪問経験をもつ。設計にあたり、まず訪問者を温かく迎え入れ気持ちを和らげてもらえる場とすること、加えて屋外との連続性や自然の息づかいが感じられることを重要視した。両者を空き店舗でどのように実現させるか考え、最大15人ほどが利用するワンルームの構成が採用された（図6）。

平面図で分かる設計のポイント

図7 メインルームで利用者とボランティアが手芸活動をしている様子。間接照明を備えた右の白い壁面には、プロジェクターによる映写ができる

室内の構成

室内は、相談コーナー、オフィスコーナー、団らんコーナー、メインルーム、ユーティリティ（図7〜9）、などから構成される。それらがワンルームのなかで引戸や柱、キッチンカウンターで緩やかに仕切られている。メインルームの一方の壁はエントランス方向に向かって開いている。それにより、さほど広くない室内ではあるが、空間に広がりを感じる。キッチンコーナーは、マギーズのコンセプトを受け継いだものである。やかんからは湯気が立ちのぼり、訪問者にお茶が振る舞われる。それは、訪れる人を温かく迎える演出となる。

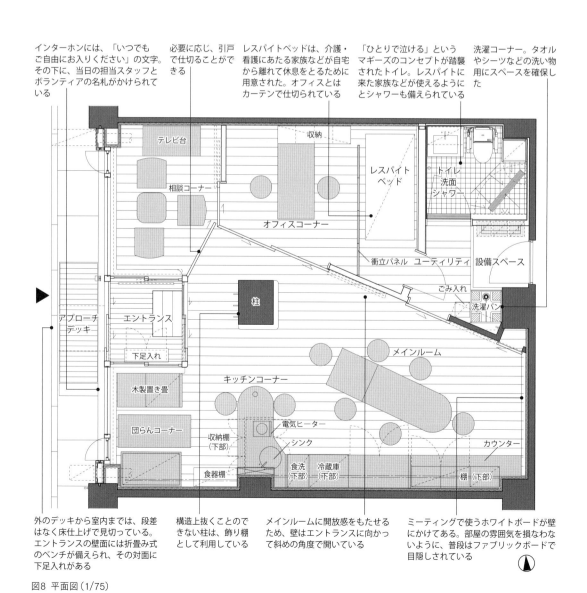

インターホンには、「いつでもご自由にお入りください」の文字。その下に、当日の担当スタッフとボランティアの名札がかけられている

必要に応じ、引戸で仕切ることができる

レスパイトベッドは、介護・看護にあたる家族などが自宅から離れて休息をとるために用意された。オフィスとはカーテンで仕切られている

「ひとりで泣ける」というマギーズのコンセプトが踏襲されたトイレ。レスパイトに来た家族などが使えるようにとシャワーも備えられている

洗濯コーナー。タオルやシーツなどの洗い物用にスペースを確保した

外のデッキから室内までは、段差はなく床仕上げで見切っている。エントランスの壁面には折畳み式のベンチが備えられ、その対面に下足入れがある

構造上抜くことのできない柱は、飾り棚として利用している

メインルームに開放感をもたせるため、壁はエントランスに向かって斜めの角度で開いている

ミーティングで使うホワイトボードが壁にかけてある。部屋の雰囲気を損なわないように、普段はファブリックボードで目隠しされている

図8 平面図（1/75）

図9 大きなテーブルを中心とするメインルーム。左手にはキッチンカウンターがある。右奥は相談コーナー。内装と家具は、利用者が温かみや落ち着きが感じられるように、木や和紙、貝殻の粉末を主成分とした塗装などの自然素材が使われている

図10 相談コーナー。ここで個別相談が行われる。相談内容や雰囲気によって引戸やブラインドを開閉してプライバシーに配慮している。室内には福祉や医療などに関する資料も置かれている

図11 相談コーナーの引戸を閉めた様子。なお、引戸の上と下は、防災面への配慮から開放されている

　職員のスペースはエントランスを入って左前方にあるオフィスコーナーだ。その奥にはレスパイトベッド、そして扉で仕切られたユーティリティ(洗濯コーナーと洗面所)がある。

主な使われ方
　相談コーナー(図10)は、保健室に初めて相談目的で訪れた人の個別相談に利用される。引戸を閉じれば(図11)、人に聞かれたくない話をすることもできる。団らんコーナーは、数人での「こしょこしょ話」に適した場である(図12)。メインルーム(図7、9)は相談事に加えて、利用者とボランティアが語らいや食事をする場でもある。手芸や塗り絵といった活動や講座・勉強会などのイベントにも使われ、多いときには二十数人程度が集う。キッチンカウンターではボランティアが利用者にお茶をいれるが、食事に関する講座が開かれるときは調理も行われる。壁面収納を備えたオフィスコーナーはコンパクトにまとめられ、戸を閉めれば相談コーナーとしても利用される。その隣のレスパイトベッドではマッサージ(整膚)を受けることができる。疲労回復や痛みの緩和に効果があり、整膚師との対話が好評を博している。

Design Focus | 柔らかな境界

気軽に立ち寄ることができ、かつ人々の不安に寄り添える場であるために、暮らしの保健室はオープンな場であることが必要だ。それと同時に、この場には悩みを打ち明けたり自分の人生と対峙したりできるような安心感や落着きも求められる。この矛盾するような2つの要件を実現するために「柔らかな境界」をテーマにデザインがなされている。

木のドアは開けたまま。入りやすさを心がける

店舗として使われていたときは自動ドアだったエントランスを木の引戸にしたのは、人を迎え入れる雰囲気を現すためである（**1**）。風除室が設けられているので戸を開放したままにでき、通りから室内の様子をうかがうこともできる（**2**）。エントランス上部の庇が透過性の高い布製であることも効果的に働いている。これにより、外観は商店街の連続性を維持しつつ、エントランスに柔らかな光を落とし室内へと誘うような雰囲気を生み出している。

利用者の気持ちに寄り添う空間づくりを追求

室内に入るとすぐに、飾り棚のある柱やキッチンカウンターが視界に入る。メインルームをその奥に設置することで、屋外との距離感を感じさせ、外の様子が把握できるが外からは丸見えではない、という落着きを感じられる場とすることに成功している。エントランス左右には団らんコーナーと相談コーナーがあるが、壁面をふかして125mmの厚みをもたせることで窓との距離が生まれ、窓際でありながらも落ち着いた場となっている（**3、4**）。窓は木製サッシを取り入れることで、外観に温かみを醸し、木製引戸の出入口と併せてリズム感を生み出している。

暮らしの保健室には、70㎡に満たない室内に複数の機能が配されている。各コーナーの人々が互いを感じつつも干渉し合うことなく過ごすことができるのは、可動間仕切りや風除室、柱を空間の仕切りとして上手く利用しているだけでなく、スタッフの細かな配慮があることも加えておきたい。

1 通りからエントランスを眺める。引戸にすることで、外からなかの様子がうかがえ、入りやすいようにと配慮されている。デッキと歩道の間には段差があるため、車いす使用者が入るときにはスロープを渡すか、介助をする

2 エントランスから室内をうかがう。木のサッシにより、屋内と屋外の境界が柔らかに仕切られている

3 団らんコーナーの窓。幅のある腰壁には利用者の持ち込んだ置物が飾られている

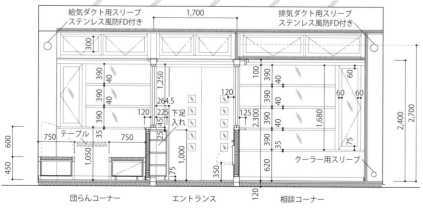

4 室内側から見た開口部（1/75）

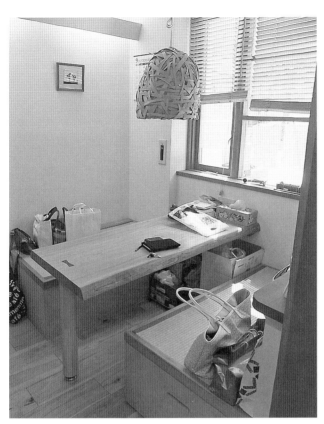

図12 竹細工のランプシェードがかかる団らんコーナーは、「田舎の診療所にある畳の小上がり」がイメージされている。ベンチの座面は畳、その下は収納になっている

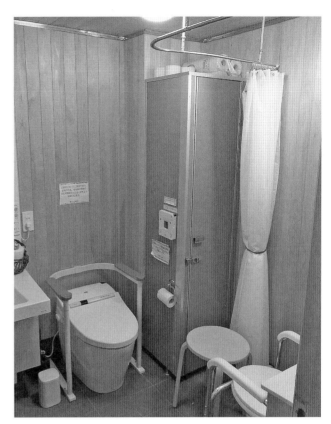

図13 トイレ・洗面所。右手にはシャワーとシャワー用のいすがある。自宅で介護・看護にあたる人がレスパイトベッドで休息した後に、シャワーを浴びることができるようにと備えられた

内装の配慮

内装仕上げについて、木製のサッシやブラインド、帆立貝の粉末が練り込まれた壁面塗装、天井には和紙を張るなど、自然素材を活用することで、気持ちの和らぐ雰囲気を生み出している（図12）。オープンキッチンカウンターの天板や団らんコーナーの照明は、雰囲気やサイズに合うものをオーダーメイドする一方、キッチンカウンターの扉や食器棚、いすは量販店のものを活用するなど、コストダウンを図る工夫も施されている。

インテリアについて、マギーズではいすや壁に掛ける絵に至るまで細かなデザインコントロールがなされている。しかし、暮らしの保健室ではそうした方法はとらなかった。利用者が持ってきてくれる絵や置物、見送った人の遺品などを受け入れ、飾りつけている。そこからは、利用者1人ひとりの存在と思いを受け止める、という哲学を感じることができる。

設備の配慮

トイレ・洗面所は、マギーズの「ひとりで泣ける個室」というコンセプトを踏襲し、ゆったりつくられている（図13）。檜の香りが心地良いが、これは余材を利用することでコストを抑えている。高齢者の利用が多いため、居室内には床暖房が備えられており、暖かいと評判だ。

暮らしの保健室の全国的な展開

ゆったりと温かい雰囲気ややさしさが評判の暮らしの保健室は、秋山氏に「"安心できる"場所があって初めて、専門職が相談支援機能を発揮することができる」[4]と気づかせたという。暮らしの保健室は瞬く間に全国に知られることとなり、いくつかの地域では同様の取組みが始められるなど広がりをみせている。

本事例で行われた建築的配慮とその評価

箇所	設計	計画時の意図	評価	理由
玄関前	ウッドデッキと歩道の段差	「人の手を借りるバリアフリー」という考え方	○	人の手を介する対応で問題はない。必要に応じて簡易スロープを取り付けることもできるが、あまり使っていない
玄関	レベル差はなく、出入りの際は靴を履き替える形式	バリアフリーと履き替えの両立	△	車いすのタイヤを拭くスペースがない
全体	70㎡の店舗を改修して利用	15人程度の利用想定	○	最大30人程度が利用する状況のため、賑わいや人の存在の温かさが感じられる
			△	オフィスが狭く、またレスパイトベッドが窮屈
天井・間仕切り	天井は吸音材と和紙を貼る仕上げ。間仕切可動壁は上下にあきがある	自然素材を活用した内装。消防法の関係で、完全に仕切ることはできない	△	吸音が十分に機能せず、音が響く。空間を完全に仕切れないことと利用者が多すぎることが原因

3章 事例2 利用者の生活から読み取る環境づくり、どんな人でもふらっと立ち寄れる地域の場づくり

富山型デイサービス ふらっと

所在地：富山県／運営法人：NPO法人 ふらっと／開設年：2000年／定員：35人／敷地面積：382.68㎡／建築面積：179.21㎡／延床面積：215.45㎡／構造：木造／階数：地上2階

図1 隣接道路から見た建物外観

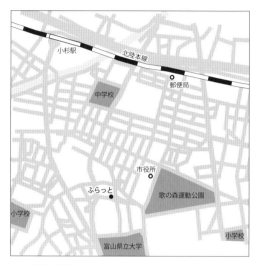

図2 周辺の概要

図3 西側菜園

表1 ふらっとの事業内容

事業・法制度	内容
障害福祉サービス	生活介護、自立訓練、放課後等デイサービス
射水市地域活動支援センター	日中一時支援、移動支援
富山県単独事業	在宅障害児・者デイケア
介護保険	通所介護
道路交通法許可	福祉有償運送移送サービス
その他	指定障害児利用計画相談支援、指定特定相談支援、子育てつどいの広場

本事例の概要

　福祉サービスを始める人には元施設の職員や教員などの有資格者が多いが、「ふらっと」は、施設長の子どもに障害があり、自分が利用する側になったことがきっかけで開設された（図1）。障害のある子どもは多くの場合、親とセットにされがちで、学校や施設への送迎をはじめどこへ行くのも親と一緒である。互いに我慢を重ね、毎日を過ごすのが現状だ。

　富山型デイサービスでは高齢者、障害児・者、子どもが年齢や障害の有無にかかわらず、誰もが一緒に住み慣れた地域においてケアを受けることができるサービスがうたわれている。実際にサービスを提供するしくみは指定する制度と、市町村の判断・認定による（表1）。

　2015年3月現在、富山県内の富山型デイサービスは115カ所にのぼったが、ほとんどの施設が介護保険法の指定で運営されているため、高齢者の利用が8割程度のところが多い。しかし、「ふらっと」はその逆のパターンで障害児・者の利用が8割程度と、多数の富山型デイサービスのなかでも特殊な施設である。

「ふらっと」ができたきっかけ

　開設以前、施設長が暮らしていた地元の小杉町（のちに射水市に合併）では、まちの所有地を中小企業などへ無償貸与していた時期があった。偶然子どもとの散歩コースに倒産した建設会社の建物を見つけた施設長が土地や建物の所有を調べた結果、その建物はまちが無償貸与していたもので、まちの所有であることが判明した。関係者に問い合わせ、議論を重ねた結果、その土地と建物を利用して「ふらっと」を設立することになった。そのほかにも、建物の改修や施設の維持管理、事業の運営補助などの助成を受け、公設民営の形で開設に至った。

周辺地域

　「ふらっと」は最寄りの小杉駅から約2km離れており、公園や学校、住宅街が近く、自然が豊かである（図2）。開設当初は、地域のなかに知的障害や身体障害、精神障害のある人に対する誤解があった。しかし、障害のある子どもたちが近所の納屋に入ったり、犬小屋に入ったりして問題が発生したことがかえって功を奏して、今まで遠かった障害児・者の存在も身近になり、障害についての社会啓発が地域でできるようになった。また、「ふらっと」西側の菜園では、畑仕事に無縁な職員が子どもたちと畑を耕している姿を見かねた近所の人たちが手伝ってくれたり、大根をくれたりした。施設長は、地域の人たちと仲良くできたのは「子どもたちのおかげだ」という（図3）。

本事例の増築・改修のプロセス

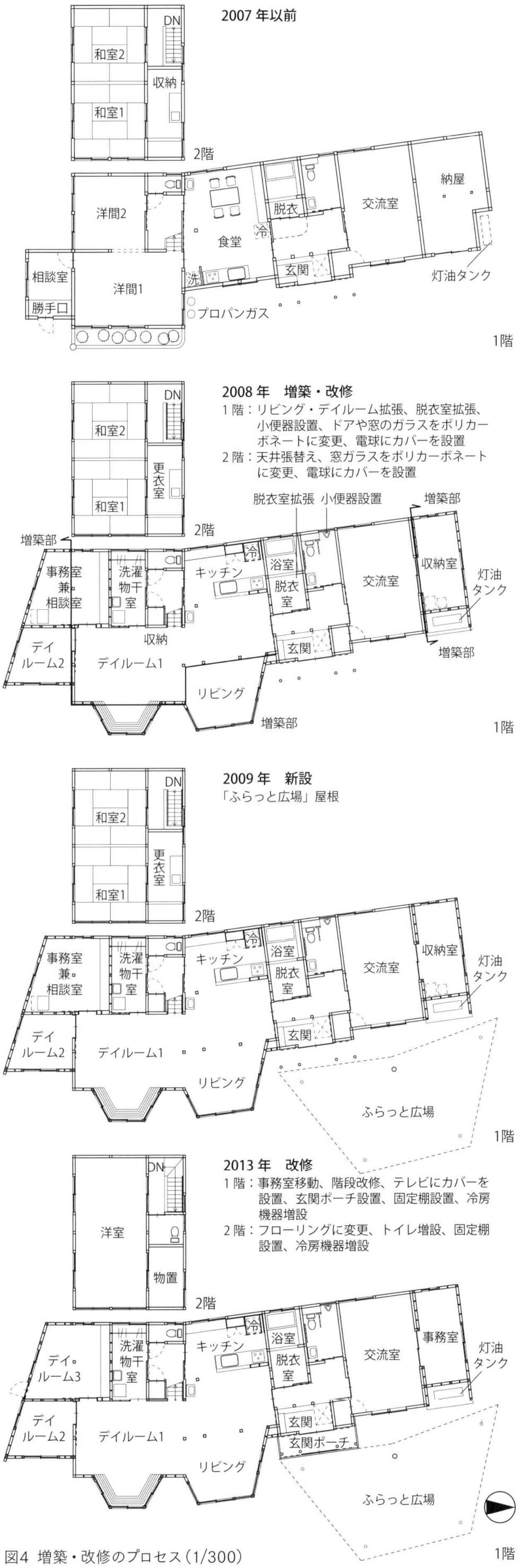
2007年以前
DN
和室2
和室1
収納
2階
洋間2
食堂
冷
脱衣
交流室
納屋
相談室
洋間1
洗
玄関
灯油タンク
勝手口
プロパンガス
1階
2008年　増築・改修
1階：リビング・デイルーム拡張、脱衣室拡張、小便器設置、ドアや窓のガラスをポリカーボネートに変更、電球にカバーを設置
2階：天井張替え、窓ガラスをポリカーボネートに変更、電球にカバーを設置
更衣室
脱衣室拡張
小便器設置
増築部
事務室兼相談室
洗濯物干室
キッチン
浴室
脱衣室
収納室
灯油タンク
収納
デイルーム2
デイルーム1
リビング
2009年　新設
「ふらっと広場」屋根
ふらっと広場
2013年　改修
1階：事務室移動、階段改修、テレビにカバーを設置、玄関ポーチ設置、固定棚設置、冷房機器増設
2階：フローリングに変更、トイレ増設、固定棚設置、冷房機器増設
洋室
物置
デイルーム3
事務室
玄関ポーチ

図4 増築・改修のプロセス（1/300）

設計者・コーディネーターの選定

- 既存の建物を使用しており、もとから利用者に合わせたつくりではないため、空間を上手く使いこなせなかった。
- 福祉を専門にする設計者には「ふらっと」の目指すものが伝わりにくく、ワインバーやカフェなどを主にデザインし、福祉にも関わっている人を探した。福祉系施設はバリアフリーや、視覚に刺激を与えない（知的障害対応）などの基本的な要求があるが、それだけでなくカフェのようなくつろげる雰囲気がほしかったからである。しかし、どういったカフェのイメージをもてばいいのか曖昧で、施設長と設計者との議論は長時間にわたった。

設計者・コーディネーターへの要望

- 改修前の数年間「ふらっと」を使った経験から、キッチンの位置は、映画監督のように見渡しやすく良かったため、位置は変えても向きは同じくした（図4の2007年以前と2008年）。
- 利用者のよくある行動内容から、割れない窓（ポリカーボネート代替、図8）、割れない鏡（ステンレス代替、図11）の設置、掃除しやすいトイレなどが空間ニーズとして挙げられた。
- 気になるものには手を出してしまう利用者に、危険はつきもの。それは彼ら自身に対してだけでなく、ほかの利用者に影響を及ぼす恐れもある。一番大事なのは安全である。

増築と改修のプロセス

- 小規模経営の施設のため、将来のことを見越しての改修は難しい。問題を感じるたびに設計者に相談した。
- 補助金を受けての増築と改修のため、工事できる箇所はそのつどの補助内容による（計4～5回）。
- 玄関へのアプローチを舗装したかったが、所有権（国、県、市、私有地）が複雑でできなかった。自己資産で舗装することを相談したが、認可が下りないと言われ断念した。しかし県から、屋根をつくればそれにあたる地面を舗装できるとのことで、県の補助金で「ふらっと広場」の屋根を新設した。
- 敷地と道路の境の下水溝に蓋がなく不安に思っていたが、解決策がなかった。しかし事故（スタッフのケガ）があったため、ようやく行政が動き、工事が行われた。
- 屋外用水にフェンスはなく、子どもたちにとって危険だと、自治会が役所にフェンス設置を要望してくれた。

設計者はどのようにして利用者のニーズを調べたのか

- 現場で施設長やスタッフと打合せすることによって、どんな利用者がいるのかを理解し、利用者の生活からも学んで、設計を調整していった。
- 打合せは2週間に1回、定期的に行った。

平面図で分かる増築・改修のポイント

リビングの増築

　増築は切妻屋根の妻面方向に行うのが一般的だが、「ふらっと」の場合、南北に増築するのは敷地の形状からみて難しい。そのため、リビングやデイルームから広場に広がるように増築する提案がなされた。その案では、東方向の天井高が十分にとれず、圧迫感があるのではとの意見も聞かれたが、「ふらっと」の利用者は走り回る子もいれば、車いすの子もいる、這って移動する人も多いので、天井が多少低くても気にはならないのではないかとの発想に至った。そもそも、「天井が低い」は健常者目線の考えかもしれない（図5）。

図5 「ふらっと」1階平面図（1/120）

図6 食事風景

図7 交流室。壁は白木板で覆われている。天井の照明は子どもが成長して手が届くようになったため、次の「安全対策」を講じなければいけない時期にきている

図8 2階の東側の窓ははめ殺しに改修した。なお、ガラスではなく割れないポリカーボネートにし、安全確保のための手すりも設置されている

キッチンの改修と移動

　最初、キッチンは東側に面しており（図4）、窓から外が見えていた。外の様子が見えていても、室内において調理中は利用者に背を向ける体勢になってしまうため、リビングの増築を機に、キッチンの場所を移動させ、リビングも外もよく見えるようにした（図6）。「ふらっと」には多数のスタッフがいるが、ほかの利用者の介助、保護者の対応や連絡、スタッフのトイレ休憩などもあり、たった1人で現場の見守りをやり通さなければならない瞬間がある。したがって、キッチンで食器洗いなどのちょっとした作業をしながら、室内の様子を見守ることは大切である。

白木化粧の壁

　「ふらっと」は、改修の際、仮設の場所を用意することはしなかった。障害児・者のなかには、いつもの生活空間が変わると落ち着きが得られない上、パニック症状に陥ってしまう人もいる。このような利用者が多い「ふらっと」では、臨時休業もせず、利用者が「いながら」工事が進められた。工事を行っていない部屋ではほこり防止などのため、白木の板を壁に張り付けた（白木板は、部材・部品の運搬用の板材）。障害者施設では余分な刺激を与えないよう、真っ白な壁がどこまでも続くような内装が多い。しかし、空間を使用しているうちに、キズや穴ができ、障害児・者のなかにはそれらが気になって仕方がない人たちがいる。そのため、ほじくられるなどして、さらにキズや穴ができていく。このような状況は「ふらっと」でも同じである。たまたま工事でそれらのキズを白木板で覆ったところ、温かみがあり「家」に近い雰囲気が出てきた。さらに、新しいキズができても、木目があるため、あまり気にならないようだと施設長はいう。なかにはその木目をぼーっと見つめて楽しんでいる利用者もいるとのこと。視覚優位の障害者にしか見えない何かがあるのかもしれない。白木板の覆いはこれらの効果があったため、一時的な処置のつもりであったが、いまもそのままにしている（図7）。

Design Focus | 安心して入っていける居場所のしつらえ

「ふらっと」は障害のある子どもや、保護者、近所の人、子育て中の親子、高齢者などいろんな人が立ち寄る。アクセスを大切にした上で、その場の居心地を利用者目線で考える。それぞれの利用者ニーズにフィットしたしつらえと、オープンな空間のなかでもひとりになれる場所を提供（1〜4）。

1 リビング・置き畳
置き畳は移動が容易なため、利用者の身体状況や当日のイベントによって家具配置の微調整をしながら、空間が使われている

2 リビング・マット
多動性障害の子どものなかにはジャンプが好きな子も多い。かためのソファよりはマットが適切なのだろう。もちろんジャンプではなくゴロゴロする子もいる

3 リビング・低いテーブル
床に座る、低いいすに座る、食卓用のいすに座る、ソファに座るなど、利用者の状況によって、さまざまタイプの高さに対応

4 交流室
子育て広場がある曜日には、乳幼児の利用者と保護者が多いため、安全にハイハイなどができる配置に調整。窓の向こうは「ふらっと」の畑である

窓ガラスの代替

窓ガラスは、もし割れてしまうと利用者に多大な危険をもたらす。「ふらっと」の窓はすべて、ガラスではなくポリカーボネートにしている。ポリカーボネートは弾力性があって割れない利点があり、多動性障害の利用者が多い「ふらっと」では安心な素材である。しかし、万が一利用者が窓ガラスに体当たりしたら、割れない代わりに窓枠からポリカーボネート板がすっぽり丸ごと脱落する心配はある。したがって、2階の窓ははめ殺しに改修し、手すりも設置した。手すりは鉄格子のようなものではなく、民家にあるような雰囲気の木製でデザインした。抑制しているのではなく、あくまでも安全確保のための設置である（図8）。カバーもそうだが、「ふらっと」ではこのような透明・半透明の素材はすべてポリカーボネートを使用している。

電球カバー、テレビカバー

電球は、物を投げた際に当たって割れてしまったり、おもちゃにして壊してしまうこともある。そのような破壊行為を阻止するよりも、その行為が自然にできないようにする設計が求められる。「ふらっと」が取った解決案はカバーの設置である。そもそも電球を天井からぶら下げる設計は、気になる人たちが遊んで壊してしまいかねないため、天井に凹みをつくり電球を保護する設計とした。さらにカバーを取り付け、天井とはフラットの状態にした。内部に熱がこもってしまうとの懸念から、カバーには小さい穴を数カ所あけている。試行錯誤の末にできたデザインだ（図10）。テレビカバーは電球カバーと同じように、物を投げた際に当たって割れてしまうのを保護するため、テレビを買い替え時にカバーと箱を設置した。

図9 ふらっと広場では「子育て広場」の曜日に幼児用プールを設置して水遊びを楽しむ

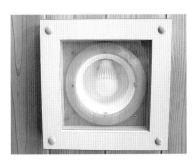

図10 電球カバー。熱がこもらないように、ポリカーボネートに小さな穴があいている

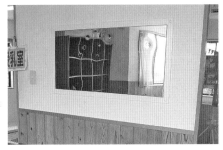

図11 ステンレス板。鏡のようなステンレス板を設置。凹んだところは物を投げた跡。物を投げる「特性」も承知の上で、鏡ではなく割れないステンレスを代替品にした

利用者から学び、設計を調整

「ふらっと」は既存の建物を利用しているため、制約があり増築・改修が難しかった。一方で、現場で生活（運営）している様子を、工事に携わる建築関係者に生で見てもらえる利点もあった。数回にわたる増築・改修を繰り返した「ふらっと」の設計者は、打合せはつねに現場（ふらっと）で行っていたという。叫び声が聞こえ、走り回る足音もするし、ドアの開け閉めも大音量、どれだけ元気な利用者がいるかは打合せで体感できたとのこと。そのことにより利用者を理解していき、どのような設計がこの利用者には適切なのかを考えていく。

とくに建具に関しては、扱いが激しいため、とても傷みやすい。建具職人には必ず、利用者は「元気」な人たちであることを伝え、頑丈な建具づくりに気を配ってもらった。

工事の間に学んだこと

「ふらっと」は工事の前から生活（運営）が続いていたが、工事があったことによって、福祉には「建物がケアする部分」と「人がケアする部分」があり、両方ともが必要だと分かったと施設長は語った。ただし、人だけでカバーできる部分には限界があり、長く「ふらっと」を続けられるのは建物に助けられている部分が大きい。古い建物でも手をかければ徐々に温かみが増し、きれいになっていく。手入れは必要だが、ただ見た目だけきれいにしてもダメなのであって、利用者を考えて手をかけることが大切である。試行錯誤を重ねてきたが、いまはどんな人でもいられる場所になってきたと、施設長は信じている。

本事例で行われた建築的配慮とその評価

箇所	設計	計画時の意図	評価	理由
リビングの腰壁	高さ1060mmまで杉羽目板を使用	「家らしさ」を保つ	○	木の温かみが感じられ、キズも目立たない
トイレ	十分な広さを確保、壁・床FRP防水	掃除のしやすさ	○	掃除が容易、においが除去しやすい
デイルーム1	鈍角の空間	集まりやすさ	○	一緒にいても視線が対面にならない
ポーチの庇	十分な広さの確保	地面の舗装	○	降雨・降雪時に車いす使用者の送迎車の乗り降りが楽になった
2階東側開口部	窓のはめ殺し、手すりの設置	転落防止	○	安全
キッチン	対面キッチン	見渡し・見守りのしやすさ	△	スタッフがデイルームに駆けつけやすいが、利用者も勝手にキッチンに入り込んでしまう

3章 事例3

障害当事者が実現！ 住居とまちのたまり場
ユニバーサルマンションとユニバーサルスペース夢喰夢叶

ユニバーサルマンション―所在地：大分県／運営法人：NPO法人 自立支援センターおおいた／開設年：2005年／主要用途：共同住宅／部屋数：12室（2LDK：6室／1DK：6室）／設計監理：溝口組／管理：ハウスマーケットカンパニー／敷地面積：414.97㎡／建築面積：218.06㎡／延床面積：1286.12㎡／住戸面積：42.09～72.18㎡／構造規模：RC造／階数：地上7階（3～7階）

ユニバーサルスペース夢喰夢叶―所在地：大分県／運営法人：NPO法人 自立支援センターおおいた／開設年：2006年（2013年現地に移転）／主要用途：飲食・研修会議・貸スペース（パーティ・展示会）など／設計監理：安部勇建設／延床面積：121.9㎡（収容人員40人／車いす利用者のみの場合25人）／構造規模：木＋鉄骨造／階数：地上2階の1階部分

図1 ユニバーサルマンション外観

図3 ユニバーサルスペース夢喰夢叶の外観。鶏の唐揚げブームにのって店頭販売の屋台も開設

図2 エントランスのすぐ近くまでアーケードが伸びており悪天候でも安心

図4 商店街に溶け込んだ立地

図5 周辺の概要

本事例の概要

別府市は、周知のように古くから温泉療養の地であり、傷痍軍人治療のために設立された医療施設が戦後は国立病院として継承され、国立重度障害者センターや農協共済別府リハビリテーションセンターなどがある。また、各種企業との提携により障害者就労の先駆となった1965年開設の「太陽の家」をはじめとした施設を中核に、全国から障害者が来訪する都市である。このような背景のもと、障害のある人々に対する地域住民や事業所・店舗などの受容環境は進んでおり、郷里には帰らずにそのまま別府に居を定めるケースも多い。

この別府の地に、2002年に自らの意思で暮らし方を組み立て実行する「NPO法人自立支援センターおおいた」が設立された。理事長の米倉仁氏は、住居や執務環境も自分たちの希望に合わせた空間づくりを志向した。この結果として実現したのがユニバーサルマンションである（図1、2）。さらに、住むことと働くことの間を埋める余暇時間を過ごすため、あるいは、地域との関係性を深めて活動を広げるためのたまり場として、ユニバーサルスペース夢喰夢叶が開設された（図3、4）。

本事例では、これからさらなる広がりが期待される、障害当事者がデザインした空間・環境づくりの試みを紹介する。

周辺環境

JR別府駅からは、東の別府湾海岸沿い幹線国道まで約600mの駅前通りが伸び、この通りの南側一帯には、2本のアーケード街を主軸とした碁盤目状の街区が形成されている。この街区はさらに不規則な細い街路が入り交じり、濃密な商住混合の空間が広がっている。ユニバーサルスペース夢喰夢叶はアーケード街の1つ「ソルパセオ銀座」の駅前通りに近い位置、別府駅からは約400mに立地しており、ここから南に約500m下り、アーケードがほぼ途切れるあたりにユニバーサルマンションが建てられている（図5）。

本事例の成り立ちと計画・設計のプロセス

障害者・高齢者向け賃貸住宅建設の可能性の模索

- 障害者が数多く住んでいる別府市においても、バリアフリー化はエレベーター設置や共用廊下の段差解消など部分的なものが多く、不自由なく住むことのできる賃貸住宅は不足していた。
- 頸椎損傷で電動車いすに乗るNPO法人自立支援センターおおいた理事長・米倉仁氏は、居住可能な賃貸住宅の必要性を痛感し、当事者自身でデザインする住宅建設という念願を果たすべく、1995年頃から模索を開始した。
- このニーズは、当然ながら高齢者が求める住まいにも合致することも想定された。

協力者との連携と企画の具現化（図6）

- この企画を耳にした地元の建設会社、溝口組社長の溝口氏は、このアイディアに賛同。
- 幸いにも同社は、別府市街地のアーケード沿いに駐車場用地を所有していた。生活圏のなかに商業集積のある好立地である。
- ここに賃貸の法人事務所と共同住宅を建設する条件でフィージビリティスタディを行った結果、事業性は成立するとの結論に至る。
- したがって、建設資金はすべて同社による。

設計のプロセス

- 敷地条件などを検討した結果、この計画は1階に駐車場とエントランス、2階には同法人の事務所、3階から7階に12戸の住戸が設計されることとなったが、ハートビル法や福祉のまちづくり条例などにおいて示されている通路幅や開口部寸法、段差解消などの基準に対応するだけでは、細かな生活行為に対応できないことが明らかであった。
- そのため、生活行為に対応した詳細設計について、設計施工および建設から管理運営を担うこととなった溝口組・常務取締役（当時）の倉堀敏弘氏と米倉氏との綿密な打合せが行われ、計画案が完成した。
- 住戸は2タイプで、6、7階に単身用の1DKが6戸、3～5階に家族居住も考慮した2LDKが6戸の、計12戸である。
- ユニバーサルデザインを目指して計画されたが、すべての人に対応することは困難である。個々の居住者のニーズに少ない負担で対応すること、カスタマイズが容易であることが重要であるということが、米倉氏の考えである。

ユニバーサルスペース夢喰夢叶の開設へ（図7、8）

- 活動の拠点である法人事務所と住居を確保した次のステップは、夜のたまり場の創出であった。
- そのため、飲食店の空き家を改修し、基本的には時間制で飲み放題歌い放題の居酒屋、また、一般にも研修会議や展示会などの貸しスペースとして開放する場所として、2006年にオープンさせた。これを、彼らはユニバーサルスペースと名づけた。
- 8年間で拠点は定着し、一般常連客もしばしば訪れたが、面積的な制約が大きく、またもっと裾野を広げたいという希望もあり、2013年には市内中心部のショッピングアーケード「ソルパセオ銀座」に移転し、再スタートを切った。

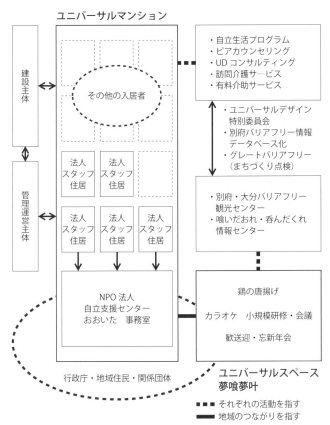

図6 NPO法人自立支援センターおおいたの活動模式図

図7 ユニバーサルスペース夢喰夢叶内観

図8 夢喰夢叶での教室。カルチャースクールの様子

平面図で分かる設計のポイント(ユニバーサルマンション)

2階事務室 全体計画(図9、10)

ユニバーサルマンション2階ワンフロアが法人事務室で、自立支援センターおおいたの活動拠点である。車いす使用者でも支障なく利用できるよう扉はすべて引戸で、通路スペースが十分に確保されている。また、さまざまな車いす使用者に対応できるよう、デスクの天板は高さ調節が可能な使用とされている。

2階事務室 トイレ計画

トイレについては、一般的な多目的トイレ(図11)・鞍型便座便器[1](図12)・ほふく利用トイレ[2](図13)の、3つのタイプが設置されている。ほふく利用トイレのアプローチ部分は着脱式で、座位が取れない利用者は臥位で利用できる。

便座高さについて、当事者からは「一般の便器は座面が低く、車いすに戻る動作が困難」との声が寄せられた。そのため、ここではすべてのトイレの便器が150mm嵩上げされて設置された。洗面台も、一般のものよりやや高めに設置されている。

図10 事務室での執務風景

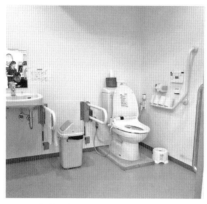

図11 一般的な多目的トイレ

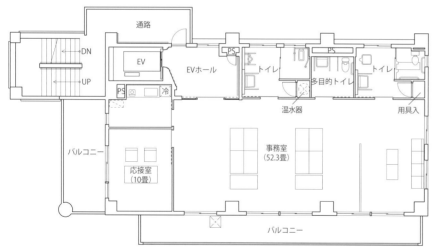

図9 2階平面図(1/200)

[1] 鞍型便座便器:便座幅を抑えることで足幅が狭いまま便器の中央に立つことができ、馬に鞍をかけたように便器を両内股で挟む形で使用して身体の横倒れを安定させることができる。移乗時には手に力を加えて膝、腰、股関節の負担を軽減し、大腿動脈の圧迫を避けることができるなどの特徴がある。

[2] ほふく利用トイレ(埋込み便器):便器の周囲に移乗用を兼ねた排せつ台が設けられ、臥位姿勢や長座位姿勢での排せつに用いられる。本事例は便座へのアプローチ部分が着脱式になっており、一般の便器としての使用も可能な設計である。

図12 鞍型便座便器

図13 ほふく利用トイレ(左:通常時、右:アプローチ部分を取り外した状態)

住戸部分 玄関回りの計画

　障害が重度の入居者のなかには、ヘルパーが来るたびに玄関に向かい、解錠することが難しい人もいる。そのため、ベッドサイドから遠隔操作可能な玄関錠が備え付けられた（図15）。これにより、ヘルパーが就寝介助（ベッドへの横臥）などを終えて帰宅する際にも、ベッドサイドから施錠することができる。なお、玄関扉は車いす使用者の利便性を考慮し、すべて引戸である（図16）。

　一般住宅だとインターホンや給湯器、各種スイッチなどが分散されて設けられるのが普通だが、移動が困難なものにはアクセスが大変である。この住宅では、それらを玄関付近にまとめ、かつ車いすでも容易に手が届くよう、低い位置に設置されている（図17）。

住戸部分 水回りの計画

　浴室やトイレを、入居時点ではすべての入居者に対応可能なものにすることは、現実的には困難である。このユニバーサルマンションでは、必要な場合は入居者負担により、改造工事を行うことが認められている（図18）。台所には、車いすでアクセス可能な身体障害者用流し台が採用された（図19）。

住戸部分 居室とバルコニー

　居室は4枚引きの引込み戸によって、台所と分けられている。間仕切ってプライバシーを保つこともできるが、開け放ってオープンに使うこともできる（図20）。バルコニーは車いすでも使用可能な奥行1600mmが確保され、すのこによって段差も解消されている（図21）。災害時にも、バルコニーが問題なく使える設計である。

図15 ベッドなどから遠隔操作可能な玄関錠

図16 すべて引戸とされた居室の玄関扉

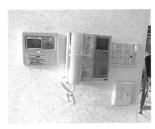
図17 玄関近くにまとめて設置された機器・スイッチ類

図18 入居後に入居者負担ですのこを設置した浴室

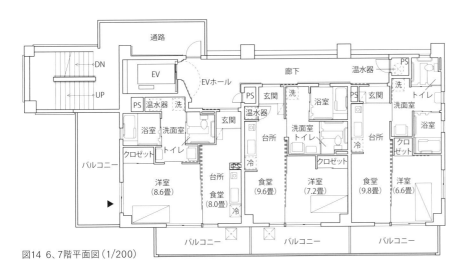
図14 6、7階平面図（1/200）

図22 居室からの眺望：別府湾と高崎山を望む

図19 身体障害者用流し台

図20 引込み戸を開けると一室空間となる居室

図21 バルコニーの掃出し窓（すのこで段差解消）

本事例で行われた建築的配慮とその評価

箇所	設計	計画時の意図	評価	理由
玄関扉	幅1200mmの引戸	円滑な入退室	○	開閉が軽く、十分な寸法が確保されている
玄関錠	遠隔操作で開閉が可能	ベッドから施錠・解錠する	○	来訪者の入退室後の対応に便利
玄関回り	電気器具類を低い位置に集約	操作や器具の集約化	○	移動困難者でも操作が容易
建具	すべて4枚の引込み戸	レイアウトの自由度を高める	△	気密性・遮音性にやや難
トイレ	汚物流しの設置	障害者には不可欠な設備	○	十分な広さが確保されている
バルコニー	十分な奥行（1600mm）	屋外空間の利活用を促進	○	段差解消と十分な広さが確保されている

平面図で分かる設計のポイント(ユニバーサルスペース夢喰夢叶)

ユニバーサルスペース夢喰夢叶の企画

法人事務所と住居を確保したNPO法人自立支援センターおおいたが次に試みたのは、夜のたまり場づくりである。当時は、車いす使用者でも気兼ねなく集うことができる飲食店が、きわめて少なかった。また、入ることができてもトイレが使えないなど、問題が多かった。そこで、2005年に旧ユニバーサルスペース夢喰夢叶をオープンする。ここは、観光名所でもある公衆浴場「竹瓦温泉」に近接する木製アーケード街「竹瓦小路」の一角にある、飲食店の空き家を利用したものであった。

旧ユニバーサルスペース夢喰夢叶では、食事は近くの食堂と提携したケータリング方式を採用し、地元との共存を図り地域と良好な関係を築いたが、面積的な制約のため2014年に、現在の場所に移転した。これは、アーケード街の空きスペースを改修したものである。現ユニバーサルスペース夢喰夢叶では、活動のコンセプトは変わらないものの、専属の調理師を招いてメニューの拡充を図った。また収容人数は40人、車いす使用者のみの場合には25人まで拡張され、賑わいは広まった。

ユニバーサルスペース夢喰夢叶の構成(図23)

夢喰夢叶の外観は、商店街に自然に溶け込むよう、ほかの店舗とまったく変わらないしつらえである(図24)。入口を入ると、正面にスクリーンをもつメインのフロアがある。ここには比較的小さい丸テーブル(直径600mm)が導入された。このテーブルは上下可動式で、高さは700mmから950mmの間で調節可能である(図25〜27)。このテーブルといす(400mm角)により、利用者の人数や会合の形態に応じたレイアウト変更を簡単に行うことができる。加えてメインのフロアの奥にはカウンター席も設けられ、1人での立ち寄りも可能な一角となっている。地域住民や観光客との交流促進に、寄与することが期待されている(図30〜35)。

トイレについては、床下に配管を行わなければならないため、床レベルより高い場所に設置しなければならなかった。しかし店の奥に設置し、スロープの長さを十分に確保することで、車いすでも無理なくアクセスすることが可能になっている。また、トイレを2カ所設け、右側からのアクセスにも、左側からのアクセスにも対応している(図28、29)。

図24 商店街から見たユニバーサルスペース夢喰夢叶

図25 バリアフリー化された入口

図26 出入口から入り、メインフロアを見る

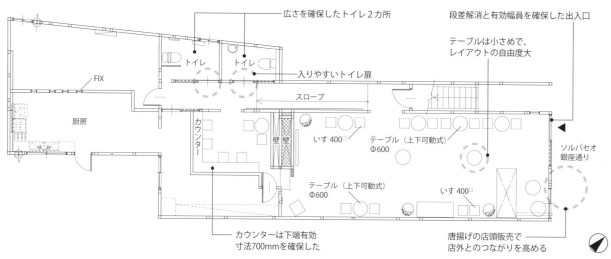
図23 現ユニバーサルスペース夢喰夢叶 平面図(1/150)

図27 上下可動式テーブル

図28 トイレへのアプローチ

図29 入りやすいトイレ

図30 カラオケで来訪グループは離合集散し、地域内の交流が促進される

図31 研修・会議を行う場合には、倉庫に保管しているテーブル(これも上下可動式)をレイアウトする

図32 機能不全の状態は個々で異なるために、さまざまな種類の食器が備えられている

図33 少人数飲み用カウンター席。カウンターの下端700mmが確保された少人数でも立ち寄ることができる空間が新設された

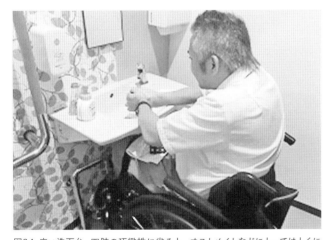
図34 広い洗面台。四肢の巧緻性に劣る人、オストメイトなどにとってはとくに洗面台の充実は強く求められる

図35 歓送迎・忘新年会など、参加人数やパーティの内容によって、テーブルレイアウトはフレキシブルに対応することができる

本事例で行われた建築的配慮とその評価

箇所	設計	計画時の意図	評価	理由
出入口	段差解消と間口(1000mm)	円滑な出入り	○	開閉が軽く、十分な寸法が確保されている
テーブル	上下可動式、小さく移動も容易	家具レイアウトの自由度を確保	○	客人数に応じて頻繁にレイアウトを変更
カウンター	少人数客にも対応	床からカウンター下端まで700mm確保	○	車いす使用者でもアプローチ可能
トイレ	十分な広さを確保	利用の円滑化	△	既存改修のためもう少し広いとなお良い
洗面台	十分な広さを確保	障害者には不可欠な設備	△	もう少し広いとなお良い

4章

日常生活の延長にある医療施設

　ここまで、「住まい」や「地域」など、誰もが「普通の」日常生活を送るための建築や環境のあり方について、紹介を行った。ここで「病院」という施設を説明することに、読者は奇異の念を抱かれるかもしれない。病院とは、あきらかに日常生活とは隔たった場所だ。

　そのように思われるかもしれないが、私たちは病院でこそ、日々の日常が継続してゆかなければならないと考えている。なぜなら、病院に行かなければならないという事態は、まさに私たちの日常に存在するからだ。

　しかし、現状では一度病院に行くと、そこは特別な場所として考えられ、多くの事柄を諦めなければならない。子どもが入院したとき、親は決められた面会時間にしか、会うことはできない。病院に入院したときには、トイレを人の手を借りなければならなくても、我慢しなければならない。大病院の待合は、わかりにくくて当たり前。

　そんなことは、やはりどこかおかしくて、本来は自分や家族が入院したり、具合が悪くて通院したりする、まさにそのときこそ、普段以上により良く安心できる環境が待ち構えているべきだ。辛いときこそ、普段の日常を少しでも苦労することなく続けられるよう、環境が助けてくれなければいけないのだ。本章で取り上げる事例は、そのような試みの先鋭的な具体例であり、そのために、環境のもつ力強さを改めて示している。

病気になっても「日常」を続けるために

日常生活の延長にある医療施設

1. 見過ごされてきた医療施設の利用者、「患者の視点」

医療施設には多様な利用者が存在しているが、施設利用者である「患者側利用者」と、施設管理者である「医療サービス側利用者」に大きく分けることができる。本書の主旨からして、ここでは「患者側利用者」について考えてみたい。多くの場合、「患者側利用者」は自らの意思で環境を選ぶことが困難だからだ。

一般に医療施設の計画においては、「患者」を中心とした空間づくりが主たるテーマとされてきた。しかし、実際の医療の現場ではそれが必ずしも実現されていない。このような状況が発生している理由として、計画・設計を行う立場の人間が「患者」という利用者像を正確に把握しきれていないことが考えられる。

では、具体的にどのような利用者像を見過ごしてきたのであろうか。また実際の利用者はどのような問題やストレスを感じているのであろうか。

1-1. 患者からすると医療施設は「できるならば利用したくない」場所

普通私たちは、できれば医療施設を利用したくないし、利用をせざるを得ないということは、何らかの疾病やケガなどに見舞われているという、非常にネガティブな状況下にあることを意味する。このような利用者の不安や戸惑いに対し、ともすれば医療施設側は医療サービスの提供(医療サービス側のニーズ)を優先した空間づくりを行ってしまい、さらに医療施設を近づきたくない場所にしてしまっている。

1-2. 患者、その家族、知人は、医療施設において「声を出せない、出しにくい」

重篤な患者、乳幼児の患者は、自らの意思を正しく他人に伝えることができない。精神疾患に苦しむ患者も、同様の状況に追い込まれることがある。また患者の家族や知人、付添いは、患者に近い関係であるが直接の当事者ではない。これらの人々は利用者としての声を出せない、出しにくい立場である。

CHECK!

患者側利用者 主役である入院患者や外来患者のほかに、その患者の家族、付添い、見舞客などが当てはまる。

医療サービス側利用者 直接医療サービスを提供する医師、看護師、コ・メディカルと呼ばれる薬剤師、診療放射線技師、理学療法士、作業療法士、管理栄養士、臨床検査技師、臨床工学技士といったさまざまな医療専門職、そして医療サービスを提供する裏方としての事務職員、技術職員などが挙げられる。

医療施設の種類 医療法においては、入院患者に対して提供する医療サービス規模により病院(20床以上)と診療所(19床以下)に二分される。また地域医療を提供する拠点となる地域支援病院や、大学病院などの高度・先進的な医療サービスを提供する特定機能病院が定義されている。そのほかに、対応する患者の属性や疾病の内容に応じた分類(小児科病院、精神科病院など)、提供する医療サービスの内容による分類(リハビリテーション病院、救命救急センターなど)、診療科目による分類(眼科病院、整形外科病院など)に基づいて分類されるが、これらは厳密に定義されていない。

図1 精神科病院の外来相談カウンター(のぞえ総合心療病院)。不安を胸に訪れる患者を迎え入れる場所は、これくらい家庭的で、リラックスできる環境でありたい

また、そもそも「声を出す」こと自体が、医療施設ではきわめて難しい。見舞いの時間が午後7時までとされた病院に子どもが入院した場合、働く親が平日に子どもの顔を見ることは困難だ。しかし、親にはどうすることもできない。

このような、理不尽な思いを抱えた人々が、医療機関を取り巻く環境にはたくさん存在するのだ。

1-3.「通院」「入院」の利用は病気にかかってから

ほとんどの場合、人は病気にかかって初めて医療機関を訪れる。そのようなときは、「移動」「排せつ」「座る」「立つ」といった、生活上きわめて基本的なことすら、ままならないこともある。さらに、人によっては入院しながら採尿など、普段することもない行為を行わなければならない。「病院にいる」ということは、そのような意味で日常からかけ離れた状況なのだ。そこまで考慮されて医療施設の環境が整えられていないのが現状である。

1-4. 高齢化に伴う心身の変化

利用者の高齢化は、医療施設の利用者にも当てはまる。心身が虚弱化している高齢者は、病気にかかることでさまざまなリスクが相対的に増大する。たとえば歩行能力や体力の低下により、病室からトイレへの移動の際の転倒転落の可能性が高まってしまい、また、菌やウイルスなどに対する抵抗力の低下により、院内感染などの危険にさらされる。

加えて、視機能の低下は高齢期には誰にでも起きることだが、その状況を理解せずにサインやインテリアが設計された医療施設では、迷いが多発することになる。これは当然ながら患者のストレスを増大させ、診療行為にも支障をきたすことにもなる。

CHECK !

NICU（neonatal intensive care unit） 未熟児や先天性の病気のある重症の患児などに対して治療やケアを集中的に行うための一連の施設で、新生児集中治療室とも呼ばれる。医師や看護師が24時間体制で対応を行っている。

GCU（growing care unit） NICUで治療を受けた後、状態が安定してきた患児を対象として治療やケアを行うための一連の施設のこと。

採尿 患者から排出される尿を採取すること。採取した尿に含まれる成分を専用機器を用いて分析したり比重を計測するほかに、一定時間内に排出した量を計測する場合もある。

ベッド（保育器）ごとに胸高の間仕切りで区切られて、授乳など母親と赤ちゃん（患児）とのスキンシップを落ち着いた状況で行うことができる

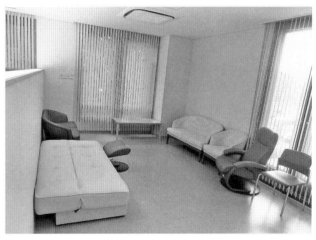

別に授乳コーナーも設置されているが、ここでは祖父母や親族など多人数が赤ちゃんとふれあうことができる

ラウンジでは、患児のきょうだい児が入室した場合の待機や飲食もできる。面会は24時間可能で、親は都合のいい時間に患児の顔を見ることができる。このように、患児へのケアだけではなく、家族のニーズに対してもきめ細かな対応や建築空間を準備しているNICU/GCUの事例は、まだまだ少ないのが現状だ

図2 患者側ニーズに対応したNICU/GCU（国際医療福祉大学病院）

図3 患者に分かりやすいように工夫した外来部のサイン（総合病院南生協病院）。この病院では改築する際に、病院職員だけではなく（元）患者やその家族などが参加したさまざまな検討チームを組織し、そこで議論を行った結果を計画や設計に反映させている。そのテーマの1つとして、病院内のサインのあり方があった。
とくに外来部は、多くの似かよった部屋で構成され、入り組んでいることが多い。そのため外来患者にとって目的の診察室までたどり着くことが困難で、迷う原因になっている。そこで、文字や図を大きくして色づかいも工夫し、初めて利用する患者にとっても見やすく分かりやすいサインを考えた。設置されたサインの出来栄えだけではなく、利用者とともにニーズを考えたプロセスについても注目すべき事例である

2. 医療施設における患者側の利用者ニーズ

医療施設において患者がもつニーズは、その心身の状況や置かれている環境によりさまざまであるが、病気になっても日常を継続するための、患者側のニーズ配慮は、次の2点にまとめられる。

2-1. 直面する問題やストレスをなくしてほしい

直面する問題やストレスを解消してほしいという素直な願望である。たとえば入院患者は、無機質で冷たさを感じる空間ではなく、自宅と同じような親しみや温かみを感じられる病室を望んでいる。また疾病により身体に問題を抱えている患者は、慣れない施設内でも移動しやすく、設備も使いやすいものであってほしいという願いをもっている。

2-2. 直面する問題やストレスを癒やす手立てがほしい

病そのものや痛みなどは、簡単になくすことはできない。それでも、周囲の環境によっては、少しでもそれらから生じる問題やストレスを軽減することはできる。たとえば、家族がいつもそばにいて、リラックスした雰囲気で生活を共にしたり、コミュニケーションをとることができれば、入院患者にとってはどれほど心強いであろうか。また自らの好みに従って美味しい食事の内容を選んだりつくったりすることができれば、つらい入院生活のなかでの楽しいひとときとなるであろう。

CHECK！

医療施設を構成する部門[1]　医療施設はさまざまな役割を有した「部門」で構成され、それら各部門が相互に関係している。部門のなかにはさまざまな部屋や機器、所属する職員で構成される。
部門は大きく、病棟、外来部、（中央）診療部、供給部、管理部に分かれる。病棟は入院患者に対して診療や看護を行う場であると同時に、患者にとっては生活の場ともなる病院の中心的な部門である。外来部門は通院患者への診療が行われる部門、診療部門は検査部・放射線部・手術部など医師の診療行為を支援する部門、供給部門は滅菌材料・看護用品・薬品・食事など院内の各部門に必要な物品を供給したり、エネルギーや医療廃棄物を扱う部門、そして管理部門は病院全体の管理・運営を行い、各部門間の調整や福利厚生などもつかさどる部門である。

3. 建築的な解決を目指して

3-1. 患者がリラックスできる空間づくり─日常生活の継続性

このようなニーズに応えるため、これからの医療施設には「医療サービスの提供」という基本的な機能に加え、「患者の日常生活の継続」をテーマにすえて、家庭的な生活を送ることのできる環境が求められる。建築的には、一般の家庭でみられるような家具や仕上げの素材を用いることや、思わず手で触れてみたくなるような細部に至るつくり込みなどが考えられる。加えて、家族や知り合いが気軽に訪ねてくることができるような空間（面会者が集まることができる談話コーナーの配慮など）と機会（面会時間の拡充など）の提供も、忘れてはならない。これらにより患者は慣れ親しんだ日常生活を継続していることを感じることができ、病を克服する力を得るはずだ。

3-2. 建築的解決のために計画設計者に求められること

この最も重要な患者のニーズは、直接患者から聞き取ることができればいいが、設計者がそのような機会を得ることは難しい。そのため、医療スタッフだけではなく、患者家族や、家族の支援団体など、多様な立場や観点で患者に関わる人々からも意見を聞くことが重要だ。その上で、時には医療施設側の要望と相反することも辞さない覚悟をもって、ニーズの整理・分析、そして建築空間の提案に臨むことが求められる。

また場合によっては、直接医療との関係がないと思われるNPO、一般企業からの意見や協力が、計画・設計の実現に向けた大きな推進力となることもある。広く社会の英知や力を集めた新たな医療施設づくりの提案が期待される。

病棟の食事　入院している患者にとっての楽しみの1つである食事。一般には、医療施設内の給食部門で調理・盛付・配膳され、温冷配膳車といわれる専用のカートに載せられて病棟の入院患者に配られる。最近は、クックチル・クックサーブ・真空調理法などの新しい調理システムの導入が進んでいることもあり、ひと昔前の（配食の時間が）早い・冷たい・まずいの三悪は追放された施設がほとんどである。また盛付・配膳を病棟の食堂で行うことや、陶器の食器を用いるなど、より家庭的な雰囲気づくりに努め、患者への食事サービスの向上を目指している医療施設の事例もある。

質の高い病院給食（初台リハビリテーション病院）

図4　病棟における畳敷きのデイルーム（郡上市民病院）。これまで生活していた環境との継続を考えると、病棟のデイルームをあえて畳敷きとすることもありうるだろう。また、このデイルームからは見慣れた郡上八幡の街並みや山々を望むことができ、患者は一日も早い日常生活への復帰の力を得るのではないか

4章 事例1 看護師中心の組織で患者ニーズを反映した病棟づくり

三井記念病院

所在地：東京都／運営法人：社会福祉法人三井記念病院／工期：2006年10月〜2011年9月／病床数：482床／設計・監理：日本設計／施工：鹿島・三井住友建設JV／敷地面積：6850㎡／建築面積：3800㎡／延床面積：3万8750㎡／構造：鉄骨造／階数：地下2階・地上19階

図1　北西側外観[3]

図2　配置図[3]

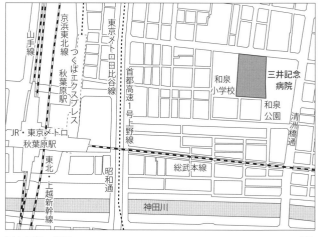

図3　南側鳥瞰[3]

図4　周辺の概要

本事例の概要

三井記念病院は、社会福祉法人三井記念病院が運営する482床、31診療科を有する急性期病院である。三井家の寄付により設立された前身の病院創立から、100周年にあたる2006年に発表された計画に従って全面建替えが行われ、入院機能と中央診療機能を集約した入院棟と、外来機能に特化した外来棟の2棟に順次解体・新築が行われた[1]（図1、2）。

そのなかで「患者のより良く生きる力を支える」ことをミッションとして[2]日々の看護を行い患者を支える立場にある看護師が計画検討の中心となり、入院患者の生活環境を重視した病棟空間が実現した。具体的には、患者の特性に配慮したトイレや水回り空間の整備、患者の療養を重視した細部に至る病室のつくり込み、患者に寄り添うスタッフ空間の配置、患者家族のための空間の確保など、患者側ニーズ優先の考えを強く意識した取組みや工夫が行われている。

周辺地域

病院は、JR・東京メトロ秋葉原駅および都営地下鉄岩本町駅などから徒歩10分の場所にある。敷地南側は公園であるが、周囲にはオフィスビルなどが建ち、典型的な市街地型の総合病院である（図3、4）。

本事例の成り立ちと計画・設計のプロセス

計画検討に至る経緯

建替えに至る前の以下の2つの契機が、計画検討に大きく影響したという。その後、病院長から「病棟は看護師の意見を尊重する」という方針が示され、関係者との建替え計画の意見交換が始まった。

①病院建築研究者の言葉による建築に関わる動機づけ
- 看護部長が参加した公益社団法人日本看護協会の研修会での病院建築研究者の講義にて、看護職は療養環境の改善などについて、建築関係者に意見を述べることが重要であり、建築関係者はその意見を建築空間で実現することを考えてくれる立場である、という意見が出された。
- それまでは、看護師が病棟の建築について意見を言えるとは思えない状況であったため、この触発が看護の立場から病棟の理想の姿を描く動機づけの1つになった。

②水回り環境についての検討会の様子(図5)
- 建替え計画の2年前にTOTO株式会社(以下、TOTO)からの呼びかけによって、病院側から看護師を含めた多くの職種の約50人が参画して水回り環境について検討を行う研究会が開催された。その際、各病棟の看護師から以下のような意見が述べられた。
  - ▶整形外科病棟内の便房の大きさは、患者が車いすの座位姿勢でひざを伸ばした状態で車いすが180度回転できる広さや、点滴台とともに介助者1、2人が入れる広さが必要
  - ▶一般病棟においてトイレの数が不足して患者の利便性を損ねている
  - ▶妊婦が前かがみで水洗レバーを操作することはつらい
  - ▶女性入院患者が採尿を行う際に不便や労力がかかる
- 検討会の結果、病棟におけるトイレを中心とした水回り設備が、患者の身体状況やニーズに対応しきれていないことが明らかとなった。
- 採尿の問題については、TOTOによるトイレ一体型尿量測定装置の製品化につながり、改築時に導入した(後述)。

図5 水回り検討会の様子

表1 計画検討時の看護師からの要望
- トイレに関する要望
  - ▶人としての尊厳を守るために病室に近い位置にトイレを配置
  - ▶トイレのバリアフリー化
  - ▶十分な数を設置
  - ▶車いす使用者対応便房は2人介助ができる広さにする
  - ▶便座の高さを低く
  - ▶面会者のトイレを配慮
  - ▶尿器の洗浄をトイレで行う
- 看護で使用する物品の収納庫を分散することにより看護師の動線を短くする
- 患者・家族用ラウンジをスタッフステーションから容易に見える位置に配置
- 観察室をスタッフステーションから最も近くに設置

患者側ニーズの優先とその汲み上げ
- 建替え前の病棟で看護師が上記のような患者の不便や苦労を目のあたりにしていたこともあり、看護師の業務中心ではなく、患者の生活環境や利便性の向上を優先した病棟づくりを目指すこととなった。
- 今回の検討では、日常の看護や病棟内での患者の生活に寄り添ったコミュニケーションのなかから拾い出し、把握してきた患者側のニーズを、看護師が代弁した(表1)。
- これ以外に、退院時に患者を対象として入院中の対応全般についての評価を聞いたアンケート調査の結果や、院内に設置した投書箱からの意見も利用した。

計画・設計において関係した各主体間のやりとり(図6)
- 計画設計担当者による全病棟からの看護師の意見の聞き取りは約1年に及び、着工直前まで調整が幾度も行われた。
- 基本設計や実施設計の段階に加え、施工段階でも実施設計図をもとに、すべての機器・備品のレイアウトと使い勝手を確認した[4]。
- 病室やスタッフステーションは、室数が多く、また使い勝手にも大きく影響するので、原寸のモデルルームを製作して検証を行った[4]。
- トイレのスイッチやナースコールの位置は病院側からの意見をふまえ、TOTOテクニカルセンターでシミュレーションを行い、最終確認を行った[4]。
- 検討を重ねるなかで、計画設計担当者の手により変わりゆく図面を見ながら、看護師は理想とする病棟の実現を感じるようになった[2]。
- 院内意見の取りまとめや、計画設計担当者と看護師との考えを調整する「橋渡し役」として、病院建設部担当者も重要な役割を担った。

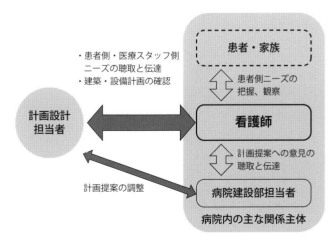

図6 病棟の計画・設計検討時の各主体間の関係

平面図で分かる設計のポイント

病棟の全体計画

病棟は、地下2階地上19階の建物内の7～19階に配置されている。基本的に1フロア1看護単位（42床）で構成され、2つの看護師によるチームで入院患者に対応している。

病棟の平面計画は、病棟東側が中廊下型、西側が複廊下型であり、その両者の接続部分に乗用エレベーターなどの縦動線とスタッフステーション、デイルームがある（図7）。

病棟西側の、スタッフステーションの北に個室が配置され、南には観察室、人荷用エレベーター、スタッフ用諸室など、主に高い機能性が求められる諸室と設備が集中して配置されている。また病室付近の処置室は、病室からベッドごと室内に搬入することができ、ある程度清潔度が要求される処置を行うほかに、観察が必要な患者の対応を行うための空間としても使われる。病棟東側は4床室を中心に計画され、その中心に看護業務のサブの拠点として2カ所のナースサーバーが分散して配置されている。このナースサーバーに必要な物品を保管したり設備を整えることで、看護師がスタッフステーションに戻る頻度が低くなり、病室との動線も短くなる。病室群近くにあるこの拠点を中心に看護師が活動することで、不安で慣れない入院生活を過ごしている患者は大きな安心感を得ることができる。

処置室。病室からベッドごと室内に入れて、中心静脈ラインやドレーン挿入、穿刺などの処置を行う。要観察の患者の緊急ベッドにもなる。

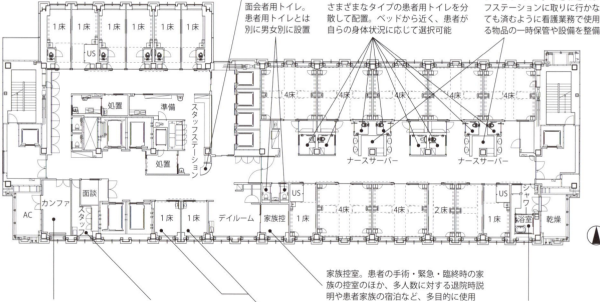

スタッフステーション端部のオープンデスク。医療スタッフが事務作業を行いながら、病棟の廊下、観察室、デイルームの患者や家族の様子をさりげなく見守る

面会者用トイレ。患者用トイレとは別に男女別に設置

さまざまなタイプの患者用トイレを分散して配置。ベッドから近く、患者が自らの身体状況に応じて選択可能

ナースサーバー。わざわざスタッフステーションに取りに行かなくても済むように看護業務で使用する物品の一時保管や設備を整備

家族控室。患者の手術・緊急・臨終時の家族の控室のほか、多人数に対する退院時説明や患者家族の宿泊など、多目的に使用

カンファレンスルーム。医師・看護師だけでなく患者家族や看護学生も含めて誰でも使用可能

スタッフ室。窓からの眺望は良いが、患者のためのスペースを優先したので結果として手狭になった

観察室（1床×2室）。看護師の目が行き届きやすいようにスタッフステーションの近くに配置している。重症者や手術後など目が離せない患者が一時的に利用

浴室。ストレッチャーが入る広さ。シャンプー台、石けん台は座位と立位の2カ所に設置

図7 病棟基準階（42床）平面図と主な計画上の工夫（1/400）

Design Focus 患者の状態に合わせたトイレ環境の実現

さまざまな種類のトイレの分散配置

他人の手を借りることなく、またベッドサイドではなく、自力で歩いてトイレで用を足すことは、人間の尊厳にも関わる重要なことである。しかし高齢の患者にとって、トイレへの移動は転倒・転落の危険がある。これを考えると、ベッドから近い位置にトイレが配置されることが望ましい。

また、建替え前の病棟ではトイレは1カ所に集中して配置されていた。術後すぐの患者は、ベッドからこのトイレまでの長い廊下を点滴台を押しながら、たくさんのドレーンを付けて大変な思いをして歩いていた[2]。

以上のようなこともあり、病棟ではトイレを病室群に分散して配置することが強く望まれていた。

これらの要望を反映し、4床室群のなかには、通常のトイレ・車いす用のトイレが、それぞれ右側アプローチ・左側アプローチのものを2つずつ、計8カ所設置されている(**1**)。これらのトイレには廊下から自由に入ることが可能で、患者は自らの身体の状況に応じてトイレを選択し、かつ比較的ベッドから近い位置で利用することができる。このトイレの分散化により、患者はベッドサイドのポータブルトイレをほとんど利用することがなくなったという[4]。

女性患者専用のトイレの設置

男女の区別がないトイレは、女性の立場から考えると利用に抵抗がある。このような女性患者からの要望をふまえて各病棟に1カ所女性患者専用トイレを設置している。またこの利用を考慮して、女性患者入院時はこの専用トイレの近くの病床になるように配慮しているという。

トイレ一体型尿量測定装置の導入

トイレにまつわる大きな課題として、採尿の問題が挙げられる。これまでは、患者が和式便器で、片手に点滴棒を、片手に採尿カップをもって採尿する状況もみられた。洋式便器であっても、整形外科病棟に入院する前屈みになることが難しい患者にとって、採尿は大きな身体的負担を伴う行為であった。看護師にとっても、蓄尿後の処理時の臭気は大きな問題であった[2]。

これらの問題を解決するべく製品化されたトイレ一体型尿量測定装置を、日本で初めて、とくに利用が多い内科病棟や身体の姿勢の自由がききにくい整形外科病棟に合計38台採用した(**3**、**4**)。導入後には検証調査が行われ、患者がボタン操作のみで簡便に採尿ができて身体的な負担が軽減したことや、臭気軽減による環境改善などの効果が確認されている[5]。

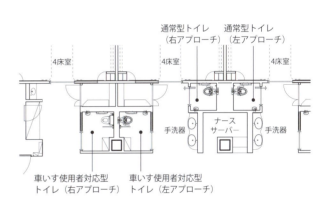

1 病棟東側4床室群に分散配置されたトイレと手洗器(1/200)
手前左側に車いす使用者対応トイレ、右奥に通常型のトイレがある。車いす使用者対応トイレ内は、介助者2人による対応ができるくらいの広さを確保している(**2**)。またこれらは、それぞれ便器へのアプローチの方向が左右異なるタイプを廊下側に設置している。現在、個室を除くと32床に10カ所のトイレが設置されている

2 車いす使用者対応トイレ

3 便器と一体となっている尿量測定装置

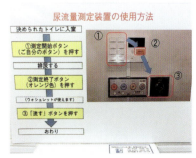

4 上記の手順により測定された各患者の尿量データは、LANを経由してスタッフステーション内に設置されたPCに自動的に積算される[5]。

この装置の導入により患者が無理な姿勢で採尿することから解放され身体的負担が軽減されるとともに、手に尿が付着しない、尿が飛散しない、蓄尿しないので菌が繁殖せず臭気も気にならないなどの院内感染防止、看護業務の省力化、衛生環境改善などの効果が確認されている[5]。

療養機能を優先した病室

病室については、「病室は患者の療養空間である」という考えに基づいて検討を行った。その結果、室内は木目調の仕上げを基調とし、室内全体の照明はダウンライトを用いてあえて暗めに設定している。また4床室において、医療ガスの取出し口は2床に1カ所ずつとして、キュービクルカーテンの陰の目立たない場所に設置している。個室、4床室ともにホテルの客室のような落ち着きのあるインテリアである（図8、9）。

スタッフステーションからの見守り

患者のプライバシーを守りつつ、看護師が患者を見守ることは、入院中の患者の不安を和らげることに有効であろう。そのために、病棟内部の様子が把握しやすいよう、スタッフステーションの南側端部に事務作業を行うためのオープンデスクを設置している（図10）。これは病棟平面形状の特徴も活かしたものである。実際にこの場所で医療スタッフが事務作業を行い、病棟内の患者やその家族へのさりげない見守りの機能を果たしている。

デイルーム・家族控室の工夫

デイルームは患者にとって入院中の居間として、また訪問者への対応の場所としてふさわしい、明るく開放的なしつらえやインテリアとなっている（図11）。

このデイルームに接続している家族控室は、患者の手術・緊急・臨終時の家族の控室として計画された。普段は間仕切りの扉を開けてデイルームと一体的に使用しているが、家族を交えた多人数による退院時の説明や、病室に宿泊できない2人目の家族の宿泊時などは、間仕切りを閉じてプライバシーを確保している。

スタッフ向け諸室の制約

検討時は病棟スタッフのための諸室を広く確保することが、病棟の看護師から強く求められた。しかし、限られた病棟に患者側ニーズを優先して空間を確保するという考えを貫き、最終的には看護部長のトップダウンの判断でスタッフステーションや看護師休憩室は手狭なものとなった。

自然環境を感じるしかけ

都市部の高層病棟に入院している患者が自然環境に触れる工夫として、窓枠に外気吹出口が設置されている（図12）。また一部個室に限られているが、ベランダに出て、屋外の光や外気を直接感じることもできる（図13）。

図8 個室

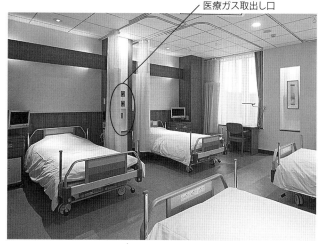

図9 4床室

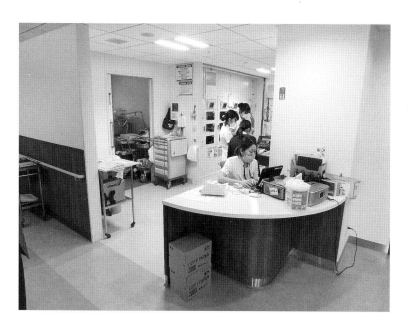

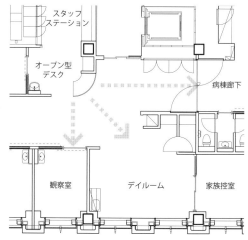

図10 スタッフステーション（1/200）
スタッフステーション端部の病棟東側の廊下を見通すことができる位置にオープン型のデスクを配置している。これにより、病棟東側の廊下、観察室、デイルームにいる患者やその家族などをさりげなく見守り、事故や問題発生の予防や素早い対応が可能となっている

図11 デイルーム(右上)と家族控室(上・右下)。デイルームやそれに続く家族控室は外光を取り入れる窓が大きく確保され、開放感あふれる眺望を望むことができる。また家庭的な家具や照明器具、色使いの工夫により温かみを感じるインテリアとなっている。デイルームと家族控室の間は引戸により仕切ることができ、部屋を利用する家族のプライバシーを守ることが可能

図12 デイルームと家族控室の窓枠の外気吹出口。呼吸困難な肺がんの入院患者から「外気を感じたい」という要望があった経験から、窓枠に外気吹出口を設置した。開けると外部の音や外気を感じる。しかし全館空調のために常時開放にはなっていない

図13 19階東側病棟の個室に付属しているベランダ。患者によってはベランダに出ることができる

本事例で行われた建築的配慮とその評価

箇所	設計	計画時の意図	評価	看護師からの評価・現状
患者用トイレ	適切な広さのさまざまなタイプのトイレを4床室群内に分散して配置	なるべく患者が自力で歩いていき選択して使用できる	○	自力移動により転倒率が上昇したものの、患者の自尊心を守ることにつながった。トイレに近いベッドにドア開閉音が伝わる
	女性患者専用トイレ	女性患者の抵抗感の軽減	○	設計の意図通り。女性患者のベッドコントロールも同時に実施
	トイレ一体型尿量測定装置の採用	患者の身体的負担の軽減、看護業務の省力化、衛生環境の改善	○	検証も行い、想定された効果が確認できた
病室	全体照明の明るさを暗めに設定	療養空間としての機能	○	部分照明である一部ダウンライトの光が臥位患者の目に入るものの、設計の意図通り
	一部個室にベランダを付属	患者が屋外の光や外気を直接感じる	○	患者が外部の雰囲気を味わうことができている
看護拠点	ナースサーバーを分散して配置	看護師が病室の近くに滞在できる、看護師の動線の短縮	○	看護学生や研修医の記録の場として使用
	スタッフステーション端部にデスクを配置	病棟内の患者や家族をさりげなく見守る	○	スタッフによる見守りができている
処置室	ベッドごと入る出入口	医学的処置や要注意患者の円滑な対応	○	医師の理解も得て、うまく運用できている
家族控室	デイルームに隣接して可動間仕切りを設置	手術・緊急・臨終時に利用、退院時説明、2人目以降の付添家族の宿泊	○	患者の家族が設計の意図通り利用している。好評である
窓枠	外気吹出口を設置	患者が外気を感じる	○	空調の関係で常時開放にはなっていないものの、設計の意図通り

4章 事例2 利用者の声を細かく反映、「分かりやすさ」を極限まで追求した大規模眼科クリニック

お茶の水・井上眼科クリニック

所在地：東京都／運営法人：医療法人社団済安堂／開設年：2006年／設計・監理：シマ建築事務所・パワープレイス株式会社／延床面積：2817㎡／階数：地上21階・地下2階の18～20階

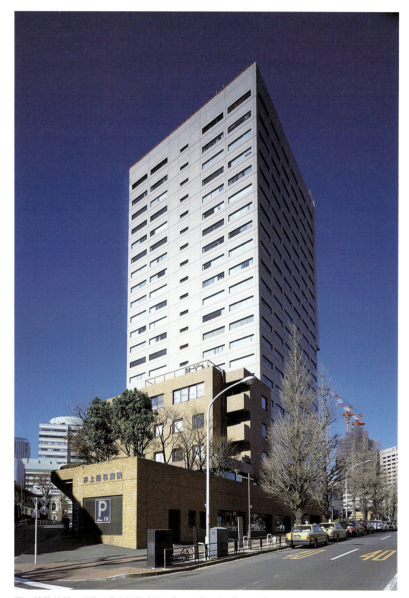

図1 建物外観。手前が井上眼科病院。奥がお茶の水・井上眼科クリニックの入居するビル

図2 建物周辺（JR御茶ノ水駅の聖橋口側）

図3 建物周辺（本郷通り側）

図4 周辺の概要

本事例の概要

井上眼科病院は1881（明治14）年に創立された眼科専門病院である。2006年に外来を分離移転したが、それ以前は1981（昭和56）年に建てられた建物（図1手前の建物）内に病室や手術室とともに設けられていた。

井上眼科病院の特徴として、評判を聞いた遠方からの利用者が多いことが挙げられる。高齢者の利用が多いが、小児外来があるため子どもの利用も少なくない。目に疾患を抱えた人が利用するため、目の見えづらい人が多いが、目の治療をしないことが多い全盲の人の利用はほとんどみられない。

本事例では、1日約1000人の外来患者が利用する大規模クリニックにおいて、分かりやすい誘導によっていかに安全な移動を実現するかに取り組んだ。設計時に患者が参加した調査を何回も実施し、患者の使いやすさを確認した上でデザインを決定したことが、本事例の大きな特徴である。

周辺地域

井上眼科病院およびお茶の水・井上眼科クリニックは、JR御茶ノ水駅および東京メトロ新御茶ノ水駅に近接し利便性は良い（図2～4）。

本事例の成り立ちと計画・設計のプロセス

図5 移転前の外来。安全な移動が難しかった

図6 プロジェクトチームによる検討の様子

図7 改修前の共用スペース（エレベーターホールとトイレ）
3フロアを1つのクリニックとして認可を受けるために、共用スペースを賃借し専用エレベーターを増設した。共用スペースにあるトイレも患者が使用しやすいように改装を実施することにした

図8 ピクトグラムの調査の様子

移転前の状況

1981年当時の計画では、外来患者数を1日300人程度と見込んでいたが、建築後に外来患者数は飛躍的に増え、毎日1000人前後が訪れるようになった。待合スペースは人であふれ、一日中混雑した状況が続くようになり、患者が安全に院内を移動するために職員がマンツーマンで検査室や診察室に誘導を行う状況となった。そのため周辺に診療所を2カ所開設したものの、混雑した状況は続いていた（図5）。

2005年に隣接する高層ビル（図1の奥の建物）の3フロアが空くことになり、これを機にそのスペースに井上眼科病院の外来部門、および2カ所の診療所を移転・統合した新たな診療所を設けることとした。これが「お茶の水・井上眼科クリニック」である。この外来部門の分離により、混雑を緩和し、環境の改善やホスピタリティの向上を目指した。

外来移転プロジェクトの設置（図6）

移転が決定した後、院内では井上賢治院長をリーダーとし、看護師、視能訓練士、事務職員、業務管理システム担当者など10人ほどのメンバーによる「移転委員会」が結成された。毎週1回、業務終了後の20時頃から深夜まで、それぞれの職種の立場から新しい外来で現在の問題をどう解決し、さらに使いやすさや快適性を高めるにはどうしたらよいかについて、白熱した検討が行われた。

デザイン事務所の参加

設計業務は井上眼科病院を設計した設計事務所が行っていたが、もともと高層建築が得意な事務所であり、医療施設の専門家ではなかった。快適で斬新でデザイン性の高い案を望んでいた移転委員会はこの事務所だけでは実現が難しいと判断し、医療施設に実績のあるインテリアデザイン事務所の参加を決定する。その後、このインテリアデザイン事務所の主導で、平面プランをはじめとする計画全体が再検討された。

プロジェクトのコンセプト

本事例では、次に示す3つの具体的なコンセプトを掲げて計画が進められた。

1. 高層ビルならではの眺望を提供できる快適な環境
2. 医療機器の更新などに備えた可変性
3. より多くの人が利用しやすいユニバーサルデザイン

とくにユニバーサルデザインについては最大限配慮して設計を進めることとした。

患者調査の実施（図7、8）

- ユニバーサルデザインの実現のため、井上院長の方針により患者を対象とした調査を実施した。
- 調査は「トイレに表示する男女のピクトグラムを見分ける」「フロア案内から行き先を探す」「文字や数字を読み上げる」といった具体的な動作を実際に行ってもらい、動作に要した時間や動作についてのエラー数を測定するという方法を採用、客観的な数値で評価した。
- 調査結果に基づき使いやすさを確かめたデザインを採用した。

平面図で分かる設計のポイント

迷いのない階層・平面計画

メインエントランスである19階を一般外来、20階を専門外来とし、上下階をつなぐ院内専用エレベーターを設置することで、上下移動におけるバリアフリーを実現している（図9、10）。

19階では、センターコアを囲む形で受付会計、検査、診察を配置し、患者は時計回りに1周することで診療を終える。20階では、院内専用エレベーターを起点に各専門外来へ分かれる動線計画となっている。

均質なオフィス空間を分かりやすく区分

受付や検査、診察の各待合では、窓に面した広いスペースを確保し、高層ビルならではの眺望の良さを患者に提供している。

トイレは、ビル共用部のものだけでは足りないと考え、19階には男女トイレとだれでも（多機能）トイレを、20階にはだれでも（多機能）トイレを増設した。

通路の分かりやすさ

通路は、カーペットの床に菱形のタイルを連続的に埋め込み、杖の音や足の感触で通路であることを伝えている。また天井にライン照明を設置し、視覚的にも通路であることを強調している。フロアの天井高は2700mmであるが、反響音によって通路を認識できるように天井高を200mm下げ、天井仕上げはシート張りとした。間仕切りのないオープンな環境でも、空間の質を明確に変えることで、安心して移動できる環境とした。

センターコアを1周する通路。床はタイルを埋め込み、天井を下げてライン照明を設置した

すべての待合は窓に面し、眼下に都心部の素晴らしい眺望が望める。この眺望を楽しみにしている患者も多い

エレベーターホール。ビル共用部のエレベーターホールは、他のフロアとの違いを強調するために、全面的に内装を変更した

トイレの増設。19階は、共用部の倉庫スペースに男女トイレを設置、テナントスペースにだれでもトイレを新設。20階は、共用部にだれでもトイレを設置

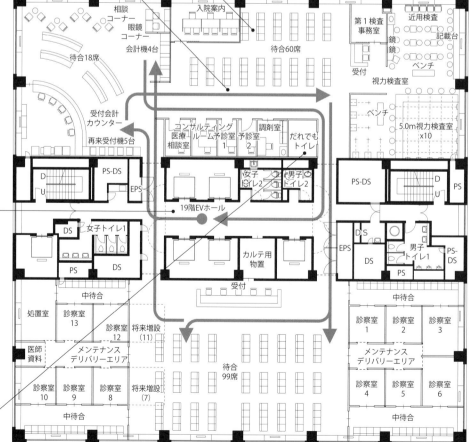

図9　19階平面図（1/300）

機能による照明の使い分け

目の見えづらい人にとって、照度分布に強弱があると見えづらさの原因となる。また、まぶしさを不快と感じる人が多いため、待合スペースは、ダウンライトを均等に配置し、照度感知センサーと連動することでつねに500lx程度の照度を保っている（図11）。また、エレベーターホールの間接照明や、受付会計ロビーの和紙シェードの照明、メイン通路のライン照明など、場所によって照明の種類を使い分け、スペースを特徴づける照明デザインを行っている。

見やすさを追求したサイン

遠くからでもサインを見つけられるように、誘導サインは幅900mm、高さは床から天井までの大きなサイズとした。色は、ダークブルーをベースに白文字表記を基本とした。文字フォントや男女ピクトグラム、院内マップの色の組合せの選定は、86人の患者（ロービジョン者・高齢者）を対象とした利用者調査によって決定した（図12～14）。文字フォントは、角ゴシック系が見やすいため、和文はロダン、英文はセンチュリーゴシックとした。

高齢者にも配慮した家具

受付カウンターは、白い壁面に対して存在がはっきりと分かるようにウォルナットの濃い色で仕上げた。待合ソファは、高齢者が座った際に足が着くように座面の高さを400mmとし、尻が沈み込まない固めのクッションとしている。ソファからの立ち上がりや座席への移動をしやすくするために、ソファの背面に木製の手すりを設置した（図15）。

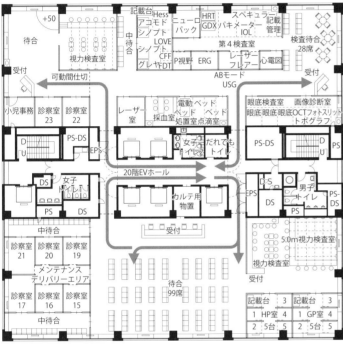

図10 20階平面図（1/400）

図11 待合の照明。ダウンライトと照度感知センサーにより、500lx程度の一定の照度を保っている

図13 男女トイレのピクトグラム。調査では、男女の識別がしやすいスカートを広げた女性トイレのピクトデザインが支持された

図12 20階の誘導サイン。ダークブルーに白文字表記のデザインや、文字フォント、トイレのピクトグラムなどは利用者調査によって決定した

図14 だれでもトイレのピクトグラム。調査では、右案や中央案はトイレであることが分からなかった。第一にトイレであることが分かり、その次にトイレ内の機能が読み取れる左案が支持された

図15 待合ソファ。4人掛けの奥の席に安全に入っていくために、手すり付きのソファをデザイン。座席から立ち上がる際の補助にもなっている

Design Focus | コントラストによる空間の分かりやすさの実現

床と壁や、待合ソファのコントラスト

患者の快適性や転倒の際の安全性を考慮して、トイレや処置室以外の床は全面カーペット張りとした。またカーペットは物を落とした際の見つけやすさを重視して、色柄のない濃いグレーで統一している。明るい壁面と濃い色の床のコントラストがはっきりしているので、目が見えづらくても空間の形状が分かりやすい。とくに、待合ソファの肘当て部分に明るい木製のパネルを使ったことで、通路と待合の境界に高いコントラストが生まれ、患者が通路を歩行する際の手がかりとなっている（**1**）。

家具のエッジが目立つオリジナルの板材

患者の手に触れる受付カウンターの天板や待合ソファの肘当てパネルは、2mm厚のシナ材（淡色）とアピトン材（濃色）を順番に重ね合わせて製作したオリジナルの積層合板である。この板の断面には、濃淡2色のストライプ模様が現れる。この特徴的なストライプ模様が家具の形状を浮かび上がらせ、視覚的に分かりやすさを高めている（**2**）。

扉や取っ手が目立つ色使い

以前の病院では、壁と扉にコントラストがないため、部屋の入口に気づかず迷う原因となっていた。患者が利用する部屋の扉は、すべて濃い木目のシート張りで統一し、白い壁面に扉が目立つようにコントラストを与えている。また濃い色の扉に明るい木製の取っ手とすることで、手がかりの分かりやすさを高めている（**3**）。

視認性を高めたトイレ

以前の病院では、トイレの内装が明るい色調で衛生陶器が目立たず、使いづらさゆえに汚れも目立っていた。そこで、衛生陶器がはっきりと確認できスイッチ類を確実に操作できるように、床は濃いグレー、壁は濃い木目シート張りとし、スイッチの並べ方は現在のJIS規格（JIS S 0026）と同様の配置とした（**4**）。

1 矢印で誘導する床パターンと、コントラストが明快な待合ソファ

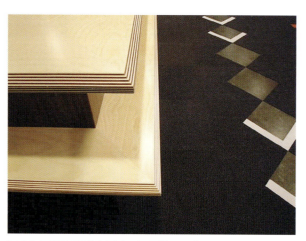

2 ストライプ模様が特徴的なカウンター天板のエッジ

3 濃い木目柄の扉に、明るい木製の取っ手を組み合わせている

4 だれでもトイレの様子。現在のJIS規格と同様に、洗浄ボタンの下にペーパーホルダー、手前に呼出しボタンを配置した

開院後の評価と改善

一番の課題である患者の誘導について、開院前に調査を実施し、使いやすさを確認した上でオープンを迎えたが、開院後にいくつかの課題が生じたため、改善を図った。

- 開院後の改善1「院内エレベーター」
2フロアを行き来する院内専用のエレベーターの位置の分かりにくさが課題となった。エレベーター前の床の色を変更し、目印にLED照明を追加したところ、エレベーターの認知度は88%まで高まり迷う人は大幅に減った（図16）。
- 開院後の改善2「院内マップのカラー」
色弱者および色弱模擬ソフトによる検証を行ったところ、非常に似た色として認識される色があった。微妙な調整を行った上で色弱者も参加した2度の検証を実施、見やすさを確かめたマップに変更している（図17）。

そのほか、エレベーター4基が向かい合うエレベーターホールから受付に向かう方向が分かりにくいという課題があり、音など視覚に頼らない誘導方法を検討している。

このようなユニバーサルデザインの取組みを地域にも広げるために病院関係者やデザイナーなどにより「お茶の水UD研究会」を設立、多くの人がユニバーサルデザインを学ぶ場として現在も継続して活動を行っている。

設計時の調査で使いやすさを確かめた空間づくりにより、開院12年目を迎えた現在でもほぼオープン当時のままの姿で利用されている。ただ、空間すべてを事前に調査することはできず、どうしても開院後に使いにくい部分が発生することや、それを改善する事後の取組みは必要で、あらかじめ予定しておくべきである。

院内マップの検証の様子

床にカーペットを追加

LED照明を追加

両方を採用した改修後の様子

図16 院内エレベーターの改善

第2、第3ラウンジと第1ラウンジの色の見分けが難しい

第2、第3ラウンジと第1ラウンジの色の見分けが容易になった

図17 院内マップのカラー改善

本事例で行われた建築的配慮とその評価

箇所	設計	計画時の意図	評価	理由
動線	各スペースを時計回りに配置	移動の分かりやすさを確保	○	混乱のない移動が実現できた
壁と床のコントラスト	床を濃い色、壁を明るい色で計画	壁の位置を分かりやすくする	○	移動の手がかりとして利用されている
家具の色彩	床との明るさの差を明確にする	家具の位置を分かりやすくする	○	移動の手がかりとして利用されている
床材による誘導	床の素材差で通路を示す	段差を設けずに通路を示す	○	高齢者や車いすの移動の妨げにならない
照明による誘導	通路にライン状の照明を設ける	通路を示す手がかりとする	○	通路と待合の差が明確になった
案内マップ	各ゾーンを色分けで表記	必要な情報に限定し分かりやすく	△	判別が難しい色があった（改善済）
院内専用エレベーター	診療所の規定により設置	ビル共用エレベーターとの違いを明確にする	△	位置が分かりにくかった（改善済）
誘導サイン	見やすい色・文字・高さで表示	目の見えづらい人にも使いやすく	△	エレベーターから受付への誘導が難しい（音による誘導を検討中）

4章 事例3

がんになっても、笑顔で育つ！
家族と暮らしながら療養できる環境づくり

小児がん専門治療施設 チャイルド・ケモ・ハウス

所在地：兵庫県／運営法人：公益財団法人チャイルド・ケモ・サポート基金／開設年：2013年／定員：78人(患児19人を含む)／設計・監理：手塚貴晴＋手塚由比／手塚建築研究所／敷地面積：3500㎡／建築面積：1971㎡／延床面積：1932㎡／構造：鉄骨造／階数：地上1階／寄付受入先：公益財団法人チャイルド・ケモ・サポート基金

図1 建物外観

図2 建物周辺

図3 「ハウス」への入口が連なる小径

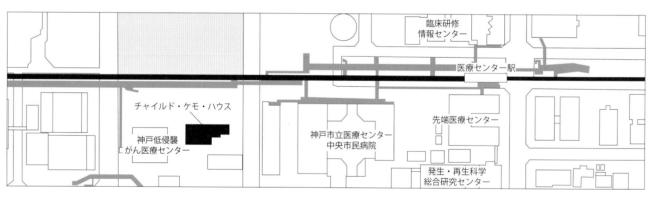

図4 周辺の概要

本事例の概要

チャイルド・ケモ・ハウスは、日本で初めて建てられたがんの子どもと家族のための専門施設である（図1、2）。

現在日本では、年間2000人から3000人の子どもが小児がんと診断されている。これは、子ども1万人に約1人の割合に等しい。以前は非常に治療が難しいとされてきたが、現在は70％から80％が寛解する病気となっている。治療には半年から1年ほどの入院を要し、その間子どもは感染予防のため、きょうだいを含め外部から隔離された暮らしを送らなければならない。また、多くの場合ベッドサイドには簡易ベッドが1つ置ける程度の広さしかなく、付き添う親の環境には全く配慮されていない。

チャイルド・ケモ・ハウスは、子どもが家族と暮らすことのできる「ハウス」（図3）、診療機能をもつ「クリニック」、そして院内学級やレストランなどの「共用部分」からできている。「ハウス」は全19室あるが、それぞれにキッチン・バス・トイレが備え付けられている。また外部から家族が出入りできる出入口（玄関）があり、仕事から帰ってきた親が夜中でも子どもの寝顔を見てから休むことができる。共用部分には、子どもたちが思い切り遊べる広いスペースが用意され、子どもたちが元気に遊び回る姿もみられる。

周辺地域

チャイルド・ケモ・ハウスは、神戸市中央区の「ポート・アイランド」に位置し、神戸新交通ポートアイランド線「医療センター駅」から徒歩10分の、交通至便な場所に位置する（図4）。

当初は大阪府茨木市彩都での建設が模索されたが、土地代の折り合いがつかず土地探しが難航、その後、神戸市から紹介を受け、「医療産業都市」として最先端の医療や研究を行う施設が集積するこの地に建設されることになった。

本事例の成り立ちと計画・設計のプロセス

図5 一般的な小児がん病棟の病室の再現

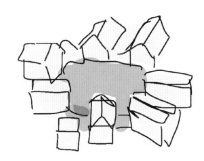

図6 手塚建築研究所による「診療所がついた家」のコンセプトスケッチ

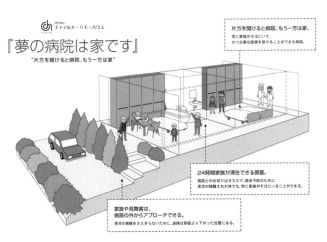

図7 チャイルド・ケモ・ハウスのイメージ

表1 寄付プロジェクトの一部

チャイケモ「すごろく」ドネーションプロジェクト
施設の壁に大きなすごろくと、それを取り囲む「チャイケモタウン」を設置、すごろくのマスや家などを「買う」ことで寄付
ドネーションツリープロジェクト
敷地に植樹された樹木それぞれに寄付金額を決定、寄付者は樹種を選んでその額を寄付
株式会社長谷川綿行
寄付型自動販売機の設置と治療中の子どもたちの不安を和らげる医療用品の開発
株式会社エフネス 旅行業界「チャイルド・ケモ・ハウス応援団」
活動に賛同する人々から航空会社やホテルのグッズを寄付してもらい、それらの販売の売上げを寄付
株式会社良品計画
施設内の家具等を寄付、加えてネットストア内の募金券企画の寄付先の1つにチャイルド・ケモ・ハウスを選定
キンバリークラーク・ヘルスケア・インク
主力商品「ラベンダーニトリル検査検診用グローブ」の売上げの一部を寄付
有限会社クレールコーポレーション
小学生までの子どもを対象に500円のワンコインカットを実施し、その収益を寄付
JustGiving Japan(個人が何かにチャレンジすることで寄付を集めるファンドレイジングサイト)
何人かの個人がこのサイトを通じて寄付
聖母被昇天学院中学校・高等学校、インターナショナルスクール「カナディアンアカデミィ」
チャリティコンサートや募金活動を継続的に実施

小児がんの子どもと家族の苦悩

- 小児がんの子どもたちは、通常12歳以下の子どもとの面会が制限され、きょうだいであってもなかなか会うことができない。
- 面会時間は遅くとも19時までで、平日に働いている親が子どもとゆっくり過ごすのはきわめて難しい。
- 病棟で付添いが可能な場合も付添い家族は1人に限られ、スペースも狭い(図5)。付添いの親の気分転換の余地がない。
- 感染防止のため容易に共用部に出ることができず、隣に別の家族がいる状況で、家族が込み入った話をすることができない。

理想的な治療環境の実現に向けた活動のはじまりと経過

- 2005年、楠木重範氏(現チャイルド・ケモ・クリニック院長)が、理想的な治療環境の実現を決意する。
- 他の医師や小児がん治療の経験のある家族とともに「小児血液・腫瘍分野における人材育成と患児のQOLの研究会」を発足。
- 翌2006年にNPO法人チャイルド・ケモ・ハウス設立。2010年には公益財団法人チャイルド・ケモ・サポート基金設立。
- 2012年、クリニックとハウスを併設した小児がん専門治療施設チャイルド・ケモ・ハウスの建設が決定した。

設計者との出会いと「夢の病院」コンセプトの誕生

- NPO法人設立直後より、「副島病院」や「ふじようちえん」などの作品に共鳴したNPOメンバーが、手塚建築研究所の手塚貴晴、由比両氏に施設のコンセプトづくりから参加を呼びかける。
- 手塚貴晴、由比の両氏は小児がんで入院している子どもとその家族、約60組から話を聞き、状況の深刻さを痛感。
- 家族の手料理が食べられることや、「家に帰りたい!」という子どもの切実な希望を叶えるための環境を構想。
- 「病室が家になればいい。病院ではなく、診療所がついた家をつくろう」(図6)との発想から、「夢の病院は家」というコンセプトを提案、NPOメンバーに興奮をもって受け止められた(図7)。

建設・運営を支えるしくみ

- 土地探しと並行し、建設・運営資金への寄付金集めも開始。
- 趣旨に賛同したまちづくり・建築プロデューサー、コピーライター、編集者、WEBディレクターなどのメンバーによって「夢の病院をつくろうPROJECT」が発足、ウェブサイトに「こんな病院があったらいいな」というアイディアを「夢のアイテム」として掲載し、寄付者はそのアイテムを「買う」ことで寄付できるしくみをつくる。
- それ以外にも、広く寄付を募る活動を継続的に実施(表1)。また日本財団の寄付プロジェクト「TOOTH FAIRY」プロジェクトから3億円の寄付を、また施工も担当した積水ハウスから約2億2000万円の寄付を受け、建設が実現。
- 当初は「病院」の建設を試みたが、付添用のベッドなど治療に直接関わらない設備・備品が認められないなどの理由で断念。結果、クリニックとハウス(共同住宅)という形式を選択した。
- 入居期間に制限は設けず、室料は滞在する人の収入などに応じて1室1日あたり2000円から提供している。
- そのため交付される診療報酬での運営は難しく、現在も運営の多くの部分は寄付によって賄われている。

平面図で分かる設計のポイント

全体構成
チャイルド・ケモ・ハウスは、外来診察部門「クリニック」と居住部門「ハウス」に、プレイルームや院内学級などの共用部が挟まれるように構成されている（図8）。

クリニックの構成
クリニックはハウス入居者の診察だけでなく、外来診療も行う。ハウス入居者には厳重な感染管理が必要な子どももいるため、クリニックはほかの部分と扉や間仕切りで完全に分けられるように計画されている。出入口も独立して設けられ、ハウスや共用部分と分けられている。

ハウスの構成
ハウスは4〜5室でひとつのクラスターを形成し、そのクラスターが並ぶ形で構成されている。そのため、一般的な病院にみられるように、廊下に扉が1列に並ぶということはなく、あちこちにくぼんだスペースがつくられている。床暖房が設置されたそれらのスペースには、大きさの異なる家具が置かれ、多年代が利用できる居場所となっている。

共用部の構成
共用部は広々としたプレイルーム、会議室としても使うことのできる院内学級、共用のキッチン、中庭などから構成され、ところどころに開けられた天窓からは、明るい外光が降りそそぐ（図9）。クリニック部分とは慎重に区画され、高い清浄度が保たれている。

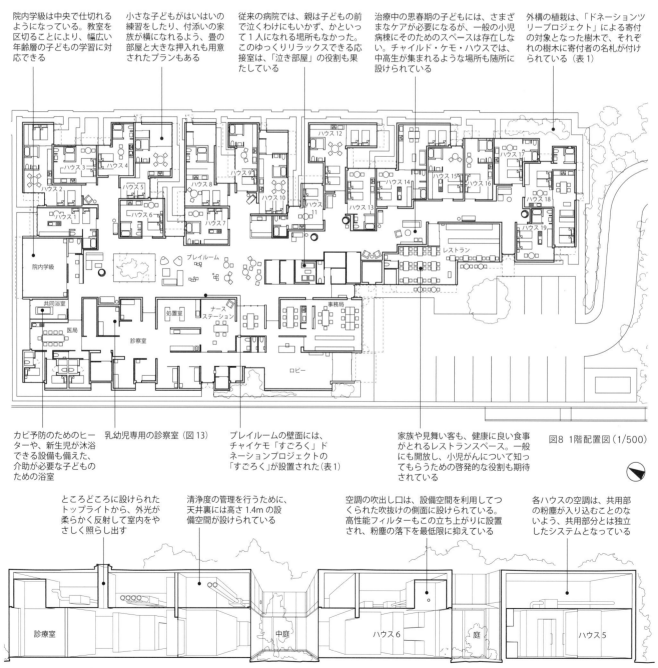

図8 1階配置図（1/500）

図9 断面パース（1/200）

Design Focus ｜ 子どもと家族の生活の場としての「ハウス」

「夢の病院は家」というコンセプトを、最も鮮烈に示すのが「ハウス」と呼ばれる居住部門。家具や浴室、トイレなど、すべての要素が「住宅」としてしつらえられ、子どもと家族が安心して生活を送ることができる環境が整えられている（1〜4）。

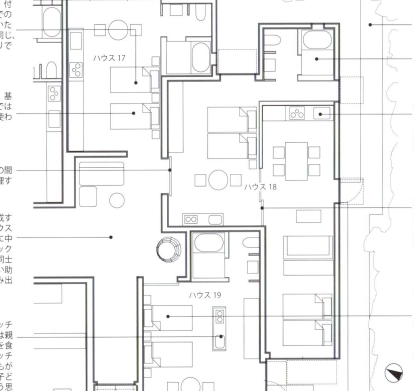

一般的な小児病棟では、付添いの親は簡易ベッドでの長期滞在を強いられていたが、ここでは子どもと同じ、普通のベッドで寝泊まりできる

子どもたちのベッドも、基本的に病院用のベッドではなく、一般的に住宅で使われるベッドである

玄関と同様、共用部との間の扉の鍵も、家族が管理する

数戸がクラスターを形成するように配置されたハウスは、共用部への出入口に中庭のようなセミパブリックスペースをもつ。住人同士が、それとなく知り合い助け合うような関係を生み出すことが意図された

すべてのハウスにはキッチンが備えられ、子どもは親がつくった温かい料理を食べることができる。キッチンに立つ親の姿を子どもが見ることそのものが、子どもの喜びになる、という思いも込められている

ハウスの外周には小径が巡らされ、各ハウスには小径に面した玄関からアクセスできる

浴室は、一般家庭で使われるユニットバスを採用

食べ物のにおいに吐き気を催してしまう子どものために、このハウスでは子どものベッドから区画された場所にもうひとつキッチンが設けられた。同じ理由でハウス外に共用のキッチンもある

複数の部屋をもつハウスでは、子どもの病状に応じて隔離の度合いをコントロールできるよう、ガラスの引戸によってハウス内を区画できる

すべての子どものベッドの天井には天窓が設けられた。ベッドで大半の時間を過ごす子どもも、時間や季節の移ろいを感じることができる

各ハウスに備えられた玄関の鍵は、家族のみが使用することができ、一般の住宅と同じような独立性が保障されている

ハウス部分平面図（1/150）

1 子どものベッドの上に設けられた天窓から、空が見える

2 ガラスの引戸によって、子どもの居室とそれ以外を隔離できる

3 ハウス18の2つ目のキッチン。まさに普通の住宅のしつらえである

4 ハウス4の玄関。「門扉」が「家らしさ」を伝えている

清浄度を保つための配慮

清浄度を保つため、共用部にはタイル状の抗菌カーペットが採用された。粉塵が発生しても吸着されるため舞い上がることがなく、掃除機で簡単に清掃できる。カビや粉塵が発生する可能性のあるキッチンと浴室は、差圧ダンパーによりつねに共用部より負圧に保たれている。天井裏の粉塵の落下を防ぐため、子どもたちが居住する範囲に下向きの点検口は一切設けられていない。

ハウスでは、風の吹出し口は吹抜けの側面に設けられ、気積の大きい吹抜けへ吹き出し、ゆっくりと居室へ降りていく。暖房は床暖房で、粉塵を巻き上げる風は発生しない。また造り付けの棚の内側には、外気のごみやほこりを取り除くサイクロンシステムが備えられた。

ハウスの配慮

すべてのハウスにはキッチン・浴室・トイレが設けられ、独立した生活を営むことを可能としている（図10）。また、最も小さなハウスにも、リビングダイニングスペースが設けられ、食事をする空間と休む空間が巧みに計画されている。加えて、すべてのハウスから、外周に設けられた小径の豊かな植栽を眺めることができる。

部屋を複数備えたハウスでは、子どもの居室とそれ以外の部屋をガラスの引戸で区切ることができる。これは、子どもの病状に合わせて隔離の度合いをコントロールできるようにとの配慮による。家族が風邪気味の場合や、子どもが高い隔離の度合いを要する病状になった場合は、このガラスの引戸で部屋を隔離する。それでもガラス越しにお互いを見ることができるため、子どもは自分の家族、とくにきょうだいたちと「同じ空間にいる」感覚をもつことができる。

子どもの年齢に応じた配慮

小児がん患者の年齢は、乳幼児から中高生まで多岐にわたる。そのため、乳幼児にははいはいの練習ができる畳部屋や沐浴のできる浴室、中高生には1人になる、または数人で集まることができるスペースが用意された。

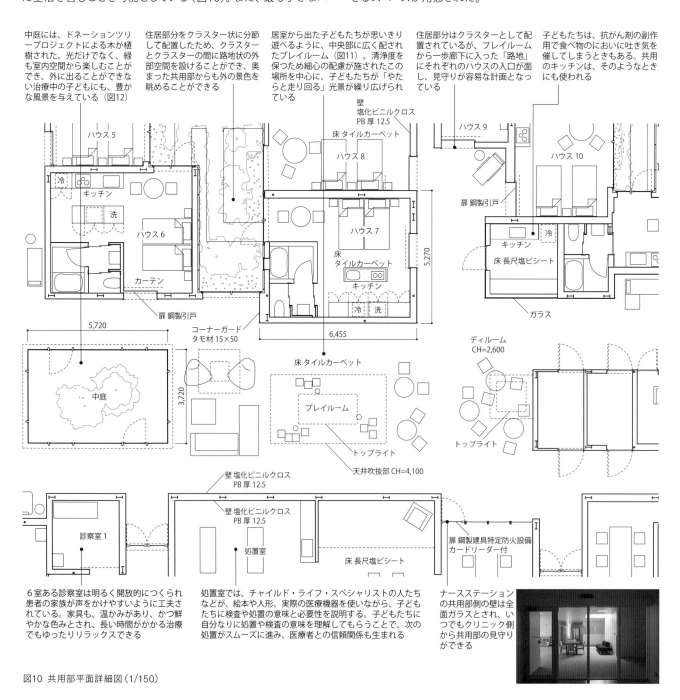

図10 共用部平面詳細図（1/150）

図11 プレイルーム。中央に設けられたトップライトから、自然光が優しくふりそそぐ。壁面には大きくチャイケモ「すごろく」ドネーションプロジェクトの「すごろく」を設置

図12 プレイルームから中庭を見る。中庭の反対側には、1人や少人数で過ごすことのできる、小さな居場所がしつらえられている

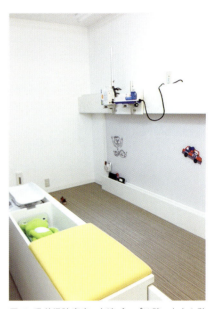

図13 乳幼児診察室。点滴ポンプは壁の左右を動き、子どもは自由に遊ぶことができる

本事例で行われた建築的配慮とその評価

箇所	設計	計画時の意図	評価	理由
床仕上げ	医療用タイルカーペット	ほこりを巻き上げない、清掃性が高い	○	ハウスは主に家族が清掃を行うが問題なし
手すり	設置せず	必要とする入居者はいない	○	設計の意図通り
暖房	床暖房	ほこりを巻き上げない	○	設計の意図通り
冷房	吹抜けにエアコン設置	風が直接吹きつけない	○	風が吹き付けることもなく快適
共用キッチン	天窓、ガラス張り	明るく見通しが良い	○	設計の意図通り、利用率が高い
ハウス窓	オーニングを設置	外光を取り入れつつまぶしくない	○	冬の西日も問題なし
ベッド	一般的なベッドを使用	家庭と同じようにする	○	家族が清掃をしているが問題なし
共同浴室	3方介助可能なしつらえ	介助浴に対応	○	入浴介助は問題なく行える
ナースステーション	共用部との境界はガラス張り	見守りをいつでもできる	○	見守りやすい、子どもも安心している
事務スペース	道路側に面して配置	外来患者を温かく迎える	○	明るく開放的
ハウス仕切り戸	ガラスの引戸	見通しが良く安心感がある	△	ガラスに気がつかない大人がいるため、シールを貼ることで対応

5章

多様性をはぐくむ教育施設

　社会の多様さ、豊かさを支える最も基本的な条件が、教育の平等にあることは、議論を待たない。そのためには、教育環境に、誰でもが平等にアクセスできることが必要だ。しかし、実際はどうか。教育環境は、利用者の多様性をきちんと受け止められているだろうか。

　残念ながら、そのような状況が達成できているとは言いがたい。確かに、以前のように小・中学校で障害のある子どもの通学を拒否することはなくなった。特別支援学校や特別支援学級も増え続けている。大学にも、障害のある多くの学生が進学している。それでも、まだまだ教育施設が抱えている、障害児童・生徒・学生に対する無理解と障壁は、とても根深いものがある。

　他方で、教育の場を支える人々、教員や職員、そして児童・生徒・学生たち自身は、日々真剣に多様な利用者に向き合い、そして多様性を取り込むダイナミックな活動を行っていることも、私たちは深く認識している。ただ、残念ながら施設環境が、そのような活動を受け止められる状況になっていないのだ。

　本章では、すでにできてしまった教育環境をどのように工夫して使いこなし、あるいは改善を行うことで、より広い多様性を受け入れることを可能にしているのか、多くの積極的な取組みを行っている事例から紹介する。

障害のある児童・生徒・学生の学びを支える環境づくり

5章 解説

多様性をはぐくむ教育施設

1. 学びの支援を必要としている生徒や学生たち

多くの子どもたちは、その学齢になればごく当たり前に学校に通う。しかし、そこに個別の支援や配慮を必要とする子どもたちがいることに、ちゃんと向き合えているだろうか。

障害のある子どもたちの教育は、これまでの「特殊教育」から2006年学校教育法の一部改正により「特別支援教育」へと転換され、障害種別や障害の程度に応じた個々の教育ニーズの実現を目指している。とくに近年は、発達障害や、増加傾向にある重度重複障害への対応が模索され、医療的ケアが必要な場合は教育と医療の連携も欠かせない。

このような教育ニーズの個別多様化に、学校施設がどう応えていけるだろうか。

2. 障害のある児童・生徒・学生の学びの現状

2-1. 小・中・高等部

公立小・中学校では少子化により児童数・学校数とも減り続けているが、特別支援学校の学校数や在学者数、また通常の小・中学校における特別支援学級数や在籍者数は増加傾向にある（図1）。これにより、小・中学校の空き教室を特別支援学級にあてたり、廃校舎を特別支援学校に転用するといった動きもみられる。また障害が重度重複化する傾向にあり、学校現場では一層きめ細かな個別対応が求められる。

2-2. 大学・短期大学・高等専門学校

「障害のある学生の修学支援に関する実態調査」（日本学生支援機構調べ）によると大学・短期大学・高等専門学校（以下、大学など）で学ぶ障害学生数は1万3449人（2002年度）から2万1721人（2015年度）、全学生数に対する割合は0.68%（前年度0.44%）である。また、障害学生が在籍している学校は、2015年度880校（前年度833校）であり、学生数および障害学生が学ぶ学校数ともに大きく増加している。

また障害学生のうち発達障害学生は約1/5を占めており、顕著に増加している（図2）。しかし、取組みの先進事例は少なく、手探りの状況にある。体制としては、障害学生支援

CHECK!

医療的ケア　医師の指導のもとに、保護者や看護師が校内で日常的・応急的に行っている経管栄養、たんの吸引等の医療行為。

障害の重複化　重複障害学級在籍状況（特別支援学校小・中学部/国・公・私立計）をみると、1989年の2万1555人から、2015年は2万5998人に増加。在籍率（全児童生徒数のうち重複障害学級に在籍する児童生徒数の割合）は、2015年度で37.2%となる（文部科学省：特別支援教育資料平成27年度より）。

障害者差別解消法　2013年6月公布、2016年施行（一部を除く）。障害者基本法第4条に障害を理由とする差別の禁止が遵守されるための具体的な措置などを規定。第7条には行政機関などにおける差別禁止が定められ、行政機関に含まれる国公立大学には、差別禁止の法的義務が発生する。第8条には事業者における差別禁止があり、私立大学は事業者に含まれるため、差別禁止の努力義務がある。障害のある教職員に対する合理的配慮は障害者雇用促進法の改正によって、国・公・私立ともに義務化された。

※ 2015年度調査より、障害種別の区別に新たに「精神障害」を設け、「その他の障害」の前年度の障害学生数には「その他」として計上されていた精神疾患・精神障害の学生数が含まれる

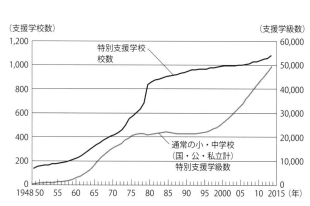

図1　特別支援学校数および特別支援学級数の推移

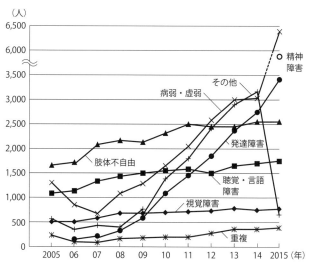

図2　障害学生数の推移（障害種別）

担当部署の「専門部署・機関を設置」しているのは2015年度で250校（前年度237校）であり、学生ニーズの高まりへの対応がうかがえる。

3. 障害のある児童・生徒・学生の学びのニーズ

学校生活の中心となる授業では、さまざまな学び方がある。教科、特別活動、自立活動、また大学などでは講義、演習、実習、ゼミなどといった形式がある。これらの授業では、①座り方や姿勢保持の方法、②生徒・学生と教員との接し方や介助者との位置関係、③授業で使用する教材や機材、④生徒・学生個々に必要な学習支援機器や介助内容など、障害の種別や程度に応じてさまざまな組合せがある（図3〜6）。

加えて、学校は「生活」の場であることも、忘れてはならない。「生活」の場面として重要なものに、トイレや食事休憩などがある。トイレは、とくに休み時間という限られたなかで、集中利用が問題となりやすい。また食事も医療的ケアが必要な生徒・学生には、障害に応じた介助方法や徹底した衛生環境の確保など、個別性の高いニーズが生じる。

アクセシビリティの観点からは、通学手段や校内の移動手段が挙げられる。特別支援学校では登下校時に通学バスが複数出入りすることに加え、保護者の送迎による自家用車や学童保育の送迎車の出入りも多くあり、ある一定の時間帯に駐車場利用が集中する。また施設内のバリアフリーはもちろん、大学などでは広いキャンパスでの各建物へのアクセス確保が必要である。

CHECK !

自立活動 『特別支援学校小学部・中学部学習指導要領』第1章1節3「児童及び生徒の障害による学習上又は生活上の困難を改善・克服し自立を図るために必要な知識、技能、態度及び習慣を養うこと」に基づき、障害による困難の軽減を図るための活動。

学習支援機器 たとえば視覚障害に対しては拡大読書器、音声ソフト、点字プリンタなど、聴覚障害には字幕挿入システム、フラッシュライト、文字情報提示システム・ディスプレイなど、肢体不自由には車いす優先AV個人ブース、発達障害には録音機器持込みの許可などがある。

図3 小学部教室。教室間の可動間仕切りを開け2教室合同で使用。手前の1教室分が車いすなどで利用可能なスペース、奥の1教室分がマット上での授業や健康チェックなどができるスペース（さくら草特別支援学校）

図4 体育館にて複数学級の合同授業。仰向けになっている生徒の上で、教員がカラフルなシートを上げ下げし、空気の流れや明るさの変化により五感を刺激する。周囲には車いすが多数置かれる（さくら草特別支援学校）

図5 聴覚障害学生に対する授業時のサポートの一例。教員が口頭で説明したことを「要約筆記」し、その手書き資料を複数の聴覚障害学生が同時に確認できるよう書画カメラでモニターに投影する（日本福祉大学）

図6 さまざまな学習支援機器類を紹介するコーナー。拡大読書器やズームテキスト機能があるパソコンが設置され、壁面のパネルには極力大きな文字で使い方が説明されている（明治大学）

4. 学びをサポートするための建築的アプローチ

4-1. 教室計画のポイント例

日々の授業や健康チェックで臥位（寝た状態）をとる場合、マット上での臥位と、車いすでの座位（座った状態）の切替えがスムーズに進められると、生徒や教員の負担が抑えられる。生徒数に応じてマットを敷ける広さの確保や、複数台の車いすが並んで授業を受けられるスペースの確保が必要であると同時に、体位変換などのゾーン分けにも工夫が必要である。また、臥位をとる場合は、掃出し窓からの転落や延長コードによる絡まりの防止など、安全面にも注意が必要である。

一方、広い空間が苦手であったり（知的・発達障害）、音環境に敏感であったり（聴覚・知的・発達障害）する場合は、教室の分割や視線や音を遮ることができるコーナーの設置、また小教室を別に計画する方法もある。

教室のしつらえや収納計画も重要である。とくに肢体不自由児の場合、各人の車いすや個別の支援機器・教材が数多くあり、教室内外にあふれ出してしまう。また知的・発達障害児の場合は、目に入ってきたものに気を取られて集中力が散漫になってしまう場合がある。教室内に各種物品がどれだけ置かれるのか、丁寧な想定と対応が求められる。

さらに教室の明るさ・暗さにより見えにくさ（視覚障害）や落着きを乱す（知的・発達障害）ことがある。障害に応じた照明器具の選定（直接または間接照明）や、調節可能な状況をつくれると良い。

4-2. 教室間移動にあたっての配慮例

廊下の照明を明るくし、部屋の表示を大きくして分かりやすくする（視覚障害、発達障害）、カラーユニバーサルデザインに基づき各ゾーンを色で識別できるようにする（知的障害、色覚障害）など、教室間の移動をスムーズにする。

また重度の障害で自身の体温調整が難しい場合、とくに冬季は教室から廊下に出たときやトイレを利用する際、ヒートショックを起こす可能性がある。このような児童・生徒が多くを占める学校では、全館冷暖房や床暖房などの導入も検討する必要がある。

4-3. トイレ使用のシミュレーションの徹底

トイレの計画も重要である。休み時間に集中的な使用が発生することを考慮し、使用想定人数、車いすやストレッチャーの使用状況、介助者人数や介助の方法など、詳細にシ

CHECK！

障害そのものに起因する学びのニーズ　たとえば、障害により体温調整が難しい生徒がいる。時に生命の安全を脅かすことにもなるので、とくに空調管理に気を配る必要がある。

身体のふらつきが多い場合は、物にぶつかったり転んだりすることが多くなる。予防策とともに、万が一ケガや事故が起こっても最小限に収めなくてはならない。

発達障害のある生徒・学生にとっては興奮状態を鎮めることのできる場は、本人にとっても、介助者や教員にとっても安心につながる。

成長段階に応じた学びのニーズ　大学などでは、学生自身が自立して行動する場面が増えてくる。そのなかで学生自ら相談に行きやすい体制や環境があることは重要である。学生本人と教員、障害学生支援の専門部署との間で、スムーズな連携が求められる。

カラーユニバーサルデザイン　色の見え方が異なる色覚障害の人にも、情報が正確に伝わる色の設定や配色に留意したデザイン。

図7　昇降口と体育館が一体となったつくり。朝の登校時の様子。教員が広々とした場で生徒を待つ。冬は寒さ対策から、この場にストーブが複数置かれ、暖を取ってから教室に移動する（さくら草特別支援学校）

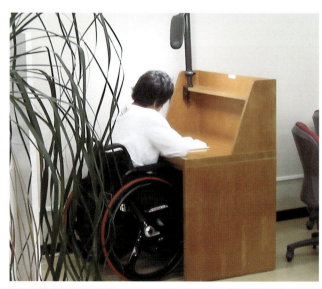

図8　図書館も重要な学修スペースであり、車いすでも使用可能な机になっている。また学修に必要な支援機器類も併せて図書館に配備しており、学生がいつでも借りることのできる体制にある（日本福祉大学）

ミュレーションした上での計画が求められる。具体的には、ドアの開閉方法や、各ブースへのアプローチ、順番を待つ際の待機スペース、着脱衣の方法や必要スペース、便器への移乗方法、シャワー・洗面と連動した使用などについて、使用者・介助者の一連の動作の把握が必要である。

また大学などではキャンパスの全体計画におけるトイレ配置の検討や、主に新入生・来校者向けのマップ提供も利用者にとって参考になる。

4-4. 屋内外の移動や玄関へのアプローチ

自家用車や通学バスによる通学で、乗降に介助が必要な場合、現場からよく挙げられている問題は、乗降口の庇が十分になく雨に濡れること、また車両の利用台数に対してアプローチや駐車場のスペースが十分にないことなどであり、基本的な問題への対応が不十分であることが多い。

とくに、登下校時に集中利用が発生するため、通学バスのみならず、自家用車やその他の利用も含めて、いかにスムーズに車両を流していくか、綿密な計画が必要となる。

4-5. クールダウンや休憩・相談のための空間

その日の心身状態や環境の変化で、精神的な落着きを失ったり（知的障害、発達障害など）、体調が不安定な場合がある（肢体不自由、病弱など）。これに対し、クールダウンできるスペースや休憩室・談話室があることは、生徒・学生にとって大事である。不安定な状況はどこでも起こりうるため、またすでに使用者がいても別の室やコーナーに行けるよう、複数箇所にあるとなお良い。

ニーズの個別性が高いほど、ひとつの学校にそれらの多くを反映させるのは至難の業となる。では、実際の学校現場では、どのような工夫や課題があるのだろうか。

事例編では、小中高等部として、ニーズの個別性がとくに高い重度重複障害のある生徒が通う特別支援学校を挙げ、学校生活の様子からみえてくる実際のニーズと環境との対応関係を紹介する。大学については、障害学生に対する学修支援体制や、近年社会的認識が高まっている発達障害のある学生の学修支援環境について、積極的なニーズの掘り起こしと、環境整備の先進的かつ積極的な取組みを紹介する。

CHECK！

折々のニーズとデザイン 入学から卒業まで、学校生活には式典、行事、期末試験など、さまざまな場面がある。これらへの環境整備も大切である。

たとえば、成績や入学に関わる各種試験は、その試験方法や試験会場について公平な条件を整える必要がある。環境の側面では、試験会場や座席の位置、音・光・においなどの刺激を緩和する環境や設備、使用可能なトイレや休養室の確保、介助者の待機場所の手配などが挙げられる。

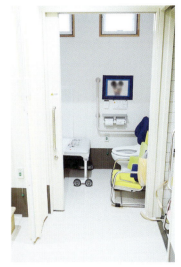

図9 奥と左に便房あり。右はシャワー室。奥の便房は車いすでは接近しづらく、介助者が2人体制の場合はさらに狭くなり介助が難しい（さくら草特別支援学校）

図10 水泳終了後に低下した体温を戻すため、湯を張ったビニールプールをプールサイドに用意して浸からせる。サウナ室があるものの、身体がなかなか温まらないため体温上昇には使用されていない（さくら草特別支援学校）

図11 学食にて、視覚障害学生が支援者のガイドヘルプにより昼食を選び購入する様子。大学は学びの場とともに生活の場でもある。掲示物の文字の大きさや色使いなど、認識しやすいデザインも求められる（明治大学）

5章 事例1 障害学生の要望を実現するための、大学の環境整備における組織と工夫

大阪大学

所在地：大阪府／開校年：1931年／敷地面積：43万4618㎡／延べ面積：25万3548㎡（豊中キャンパス）／敷地面積：99万7071㎡／延べ面積：70万9333㎡（吹田キャンパス）

図1 豊中キャンパスマップ

本事例の概要

大阪大学は1931年に創設され、11学部16研究科を擁し、約2万4000人の学生・大学院生が学ぶ総合大学である（2016年5月現在）。

豊中、吹田、箕面の3キャンパスで構成され、いずれも大阪府北部に位置する。豊中キャンパス（図1）には全学教育推進機構が置かれ、すべての1年生が所属学部によらず通学する。2年次以降は、学部によってそれぞれのキャンパスに進学する。

大阪大学では1967年に初めて障害学生を受け入れ、以降2002年までは障害学生が所属する学部ごとの対応が中心であった。しかし部局間の対応の相違が学生に不利益になることや、障害学生の入学が途切れると支援のノウハウが継承されないといった課題を経て、全学的体制の確立へ進んだ。これは他大学にも共通する課題である。

2002年に身体障害学生支援室が設置され、2005年以降は対象が身体障害に限らず障害全般へと広がり、支援サービスや組織体制が整備されていった。

一般に多くの大学は複数のキャンパスをもち、そのなかで多様なニーズをもった障害学生が、ある決まった期間、決まった場所に在籍する。当然ながら、その学生が滞在するキャンパスは、学年や所属によって変わる場合があり、全学的な取組みが必要になる。個々の障害学生のニーズをいかに把握し、キャンパス整備の全体計画や個別対応につなげていくかが問われる。

本事例では大学としての組織体制の整備や、豊中・吹田キャンパスで実施されたきめ細かなニーズ把握の取組み、また施設整備事例を紹介する。

周辺環境

豊中キャンパスは大阪駅・梅田駅から電車で40分ほど、吹田キャンパスは同じく50分ほどの位置にある、郊外型のキャンパスである。豊中・吹田キャンパスともに、主要な出入口は4カ所である。

両キャンパスとも丘陵地にあるため、敷地内は高低差がある。なかでも豊中キャンパスは主要部で約10mの高低差があり、動線上のレベル差の解消は大きな課題である。

組織体制の成り立ちと利用者の参加手法

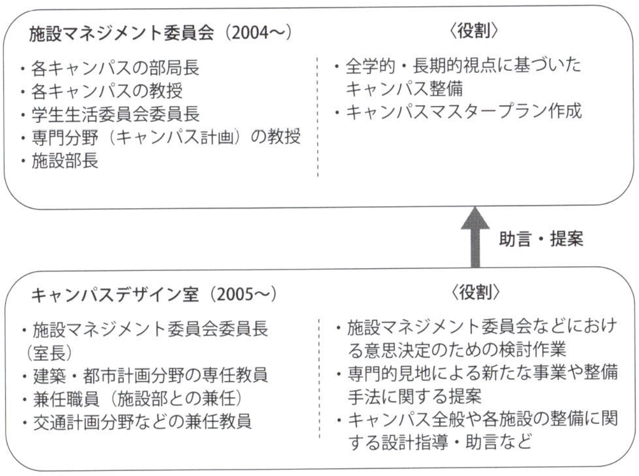

キャンパスデザイン室の発足

- 2004年4月の国立大学法人化により、大阪大学では施設マネジメント委員会が設置され、全学的・長期的視点に基づいたキャンパス整備を進める方針が定められた。
- 2005年4月にはキャンパスマスタープランの実現のため、施設マネジメント委員会の下部にキャンパスデザイン室が設置された。キャンパス全般や各施設の整備に関する設計指導・助言など重要な役割を担い、これらのなかで障害学生のニーズに対応した施設整備にも取り組む。(図2)。
- メンバーには、建築・都市計画分野の教員が参加している。
- 学内の施設部に隣接して設置されているため、施設部職員と連携が取りやすく、キャンパスデザイン室と施設部が一体となって動ける体制にある。

図2 施設マネジメント委員会とキャンパスデザイン室の関係

施設部局と学生支援部局の連携体制

- 学生支援部局には、障害学生支援ユニットと、教育・学生支援部が設けられ、障害学生支援ユニットには障害学生支援分野や保健分野などの専任教員が配置されている。
- 一方、教育・学生支援部は大学職員で構成されるが、障害学生支援ユニットの教員と連携を図っている。
- 大規模な大学組織であるほど施設営繕部局と学生支援部局との連携は難しくなりがちであるが、施設面と学生支援面それぞれの全学的2本柱である「キャンパスデザイン室」と「障害学生支援ユニット」が連携することにより、部局間の連携体制が構築されている(図3)。

図3 施設部局と学生支援部局の構成・役割・連携体制

バリアフリー整備の理念・方針

- 全学的な取組みとして2008年3月に「バリアフリー・サインのフレームワークプラン」を策定し、バリアフリーについては7つの理念が掲げられている(表1)。
- なかでも「5. 計画的整備と柔軟性のバランス」では計画的整備の上での個別的対応や柔軟な予算措置・体制の必要性、「6. 参加型のデザイン」では当事者などによるキャンパス点検や環境改善の提案の重要性に言及している。
- フレームワークプランは、キャンパス全体の総合的な整備、および多様なユーザーに対する個別的な対応の両者を進める基盤となり、施設整備予算要求の根拠にもなっている。

表1 バリアフリー・サインのフレームワークプランにおける7つの理念

1. 多様な人々への配慮
2. 空間的・社会的な配慮
3. 印象に残る環境
4. 最善の配慮の追求
5. 計画的整備と柔軟性のバランス
6. 参加型のデザイン
7. 周辺環境との連続性

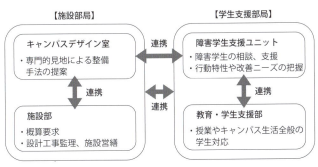

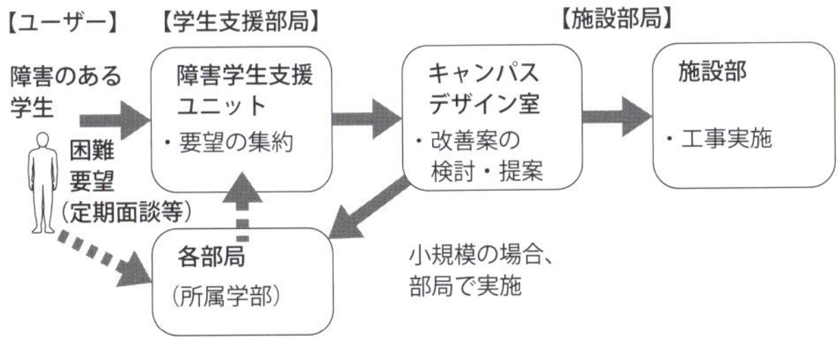

図4 障害のある学生のニーズ把握から整備に至るまでの流れ

障害学生のニーズ把握から整備までの流れ

- 障害学生支援ユニットでは、支援を受けている学生を対象とし、入学時・学期末・年度末に定期面談を実施し、また随時相談も受け付けている。
- この面談や相談時に、学生本人からキャンパス内の使用困難箇所や改善要望を直接聞くことができる(図4)。
- 学生から相談や要望を受けた障害学生支援担当の教職員が、施設担当の教職員と定期的に意見交換や議論を重ね、学生1人ひとりのニーズに向き合った施設整備に取り組んでいる。
- 現地確認が必要な場合には、「問題や要望を挙げた障害学生」「障害学生支援担当者」「施設担当者」が一緒に施設点検を行い、問題を共有できる体制を取っている(図5)。

図5 ユーザー参加による施設点検。通路(手前)と斜路(奥)の間に溝があり、斜路の両側の縁石が途切れていて危険であることを現場確認している

図面と写真で分かる計画・整備のポイント

バリアフリー：アクションプラン

バリアフリー・サインのフレームワークプラン（2010年改訂）には、各キャンパスのアクションプランが示されている。バリアフリーについては、外部空間の調査を施設部およびキャンパスデザイン室の共同で実施し、屋外の移動のしやすさや課題点などをひとつのマップに集約している（図6）。

バリアフリーに関する外部空間調査で把握された各々の問題箇所については、現状における移動上の問題点と具体的な改善計画案を写真・図面・模型などにより、カルテの形式でまとめている。

なお、屋内については、フレームワークプランに「建物内部や、屋外であっても共用性の低い空間は、基本方針は準用されるべきであるが、各部局の個別性が高いため、詳細には言及していない」と記され、全体方針のなかにも個別対応の必要性がある部分として述べられている。学部・研究科の専門性によって必要となる施設機能が異なり、また障害学生の在籍状況も部局や年度ごとに変化する。施設整備の更新状況も、それぞれが抱えている条件に左右される。結果として、個別の丁寧な対応が必要となる。

キャンパス：バリアフリーマップ

来校者向けに各キャンパスのバリアフリーマップも障害学生支援ユニットとキャンパスデザイン室が連携して作成している。アクセシビリティの観点から、「大学入口」「段差のない建物入口」「スロープ」「階段」「傾斜の急な坂道」「急勾配がなるべく少ないルート」などがキャンパスマップに示され、ルート上の高低差や距離などの具体的数値も示されている。事前に詳細状況を確認できる有用なマップである。

このような各キャンパスのバリアフリーマップが示されているのは、学内組織の体制が整えられていること、また建築・都市計画系の教員陣がその専門性を学内環境整備にも活かしていることが、大きく影響している。

- 中庭からＧＬまでの段差が簡単なコンクリートで処理されている
- 生協エリアから図書館へのスロープ設置
  ⇒スロープもしくはＥＶの設置

- 車止め間隔が狭く車椅子などが通行できない

- 縦断勾配が急である i=6.5%
- 段差が切り下げておらず車椅子などが通行できない
  ⇒段差の改善

- 道路縦断勾配が急である i=9.0%以上

- 段差が切り下げておらず車椅子などが通行できない

- 本部へのスロープの勾配が急である i=9.0%
  ⇒スロープの改善

道路縦断勾配が急である i=7.5%
道路縦断勾配が急である i=13.0%
歩道の有効幅員が狭い。w=1.4mかつ連続的に粗目グレーチングが設置され杖などが入ってしまう
建物群へのメインアプローチ勾配が急である i=8.0%
基本的に歩道が設置されていない
道路縦断勾配が急である i=11.0%
生協側からＥ棟群へのアクセス路
1階レベルでの直接の移動ができない
U2棟下スロープ：中庭への数少ないアクセス路

歩道の横断勾配が急である i=5.5%
道路縦断勾配が急である i=5%以上
車止め間隔が狭く車椅子などが通行できない
歩道有効幅員 W=1.2m（東側）
千里門
1階レベルでの直接の移動ができない
建物のスロープ勾配が急である i=9.5%
中庭からＧＬまでの段差が狭い階段でのみ処理されている
車止め間隔が狭く車椅子などが通行できない
道路横断勾配が急である i=6.0%
道路縦断勾配が急である i=10% 側溝蓋なし
歩行者動線の勾配が急である i=13.0%
法面緑化が歩道の連続性を寸断している
駐車場からのアプローチが階段のみ
バス停　ベンチがない
歩道に必要のない縦断勾配がある i=6〜8%
道路の縦断勾配が急である i=10%以上
植栽により有効幅員が狭い
段差・スロープ手すりなし
誘導ブロック灰色で明度差なし
道路の縦断勾配が急である i=6.0%
段差手すり・スロープあり
誘導ブロック・手すりなし
スロープを隠す壁に違和感を感じる
2号館階段手すりなし・スロープあり
誘導ブロック灰色で明度差なし

図6　外部空間バリアフリー調査結果・改善計画（吹田キャンパス）

Design Focus | 弱視学生の個別ニーズに対する解決策の例（豊中キャンパス）

弱視学生の夜間移動の問題

2012年、障害学生支援ユニットにおいて、ある弱視（夜盲症）の学生から、「80周年広場のような広い空間では方向性がつかめない。またキャンパスの出入りに利用する石橋口まで道がカーブするため、歩道から外れて転倒や衝突する恐れがあって怖い」との相談を受けた。この問題が、障害学生支援ユニットからキャンパスデザイン室に伝えられ、共有された。

ニーズと空間的・予算上の制約

当該学生と障害学生支援ユニット、キャンパスデザイン室の教職員とともに現状調査を実施した。希望するすべての場所や数を整備することは難しく、予算や空間的な制約をふまえ、転落防止のための安全柵や誘導のための照明の設置などの改善案が作成された（**1**）。学生と教職員間で「ニーズ」と「現実的な条件」の共有が図られている。

施工段階でも丁寧で詳細な調整

施工段階においても当該学生、教職員、施工業者らとともに現場確認を行い、照明の必須箇所や既設配線上、照明の設置が難しい箇所を現地で共有し、それらに優先順位をつけ、移動に支障のない間隔まで照明を間引けるかなどを検討した。その結果、重要な結節点にはポール灯（**2**）が、主要な通学経路には庭園灯（**3**）と安全柵（**4**）が設置された。

石橋口～大学会館周辺
できるだけ両側に、植込立上りの形状が分かるように、既設庭園灯を撤去し、基数倍増を検討
▶ 片側の庭園灯の新設のみに変更。進行方向の変化に対応できるように、カーブの曲率が大きく変わっている箇所は特に設置間隔を小さくした

通路のネック部分で屈曲もあり、両側に起点を示す目印になる庭園灯を検討
▶ ポール灯へ変更

80周年広場
広場周辺の方向性や重要な結節点のためポール灯新設を検討
▶ 実現

石橋口の阪大坂側
池川に転落の恐れがあるので、約20mにわたって、縁石嵩上げ・安全柵を検討
▶ 実現

福利会館近傍交差点
重要な結節点の割に暗いのでポール灯と庭園灯新設を検討
▶ ポール灯1基と庭園灯3基新設

○ は庭園灯
◇ はポール灯

1 弱視（夜盲症）学生に対するキャンパス点検結果・改善案・実際の整備箇所（2008年現在）

2 2011年に完成し設置された80周年広場、ポール灯。石橋口方面へ曲がるための目印になる

3 石橋口周辺に設置された庭園灯。植込立上りの形状が認識できる設置箇所に調整

4 石橋口周辺に設置された転落防止のための安全柵

想定されるニーズへの組織的対応

学生からの直接的な訴えがなくとも、想定されるニーズに事前に対応することも必要である。

豊中キャンパスは地形上、起伏があることから、アクションプランに基づき施設へのアクセシビリティに関する整備箇所を検討し、エレベーター棟を設置した箇所がある。

キャンパスデザイン室主導でキャンパス全体を俯瞰し、教員による専門的判断のもと、将来を見据えた面的な整備計画が進められ、結果としてキャンパス整備全体のベースアップがなされている状態である。

その上で、入学予定者や在学生の個別ニーズに対応した整備が上乗せされるという、全体計画と個別対応の二層関係が展開されている。

対象利用者の拡大

全学的・組織的なキャンパス整備とともに、障害学生の個々のニーズに対応した整備を進める「複層的な体制」が本事例のポイントであるが、さらに対象を学生のみにとどめず、地域住民も利用者ととらえた整備にまで至っている。

地域側から豊中キャンパス東口へのアクセスは、当時、階段のみしかなく、自転車と歩行者の安全性や利便性に問題があった。これに対し、地域住民などをまじえたワークショップにより、自転車利用のみならずバリアフリー化も考慮したスロープが設置された。

残された課題

キャンパスデザイン室主導による全学的・計画的整備、また障害学生支援ユニット主導の学生と連携しながら進めた個別整備が、結果としてニーズをきちんと反映できたのか、検証できている事例は少ない。事後評価・検証の体制整備は、今後の課題となっている。

学生自身が、環境に慣れるしかないとあきらめ、埋もれてしまっているニーズはないか、また近年増加している発達障害などのある学生が声をあげられない、伝えられないという状況にないか。大学キャンパスでは、今後、よりきめ細かな現状把握と環境づくりが必要となるであろう。

本事例で行われた建築的配慮とその評価（視覚障害学生に関する一部紹介）

箇所	利用者の点検調査での意見・指摘事項	設計	評価	理由
工学研究科エリアと主要街路との結節点・屈曲点	側溝のグレーチングに大きな隙間ができていて危ない。コーンが設置されているが危ない	グレーチングを敷き直し	○	設計の意図通り
幹線街路の歩道部分1	床面誘導・注意喚起表示は整備されているが、夜は暗く見えない。街灯が点でしか見えない。歩道の切り込み部分（車両進入部）の誘導表示が途切れており怖い	歩道切り込み部分（車両進入部）の誘導表示を増設	△	車両の進入の頻度が非常に低いため誘導表示の増設にとどめる
幹線街路の歩道部分2	床面誘導表示が50mにわたって途切れている。また、歩道の切り込み部分（車両進入部）の誘導表示が途切れており怖い	床面誘導・注意喚起表示を敷設	○	設計の意図通り
幹線街路の交差点1	交差点が直角ではなく、屋外照明が少ないので夜間が暗くて分かりにくい。より太い道路側は自動車がスピードを出すので怖い。横断歩道がどこなのか分かりにくい	床面注意喚起表示と、横断歩道上の誘導表示を設置	○	設計の意図通り
幹線街路の交差点2	歩道内路上駐車防止用のボラード（障害物）は、視覚障害者にとって危険（すねにぶつかることがある）	危険性が少ない障害物への変更はできない	×	歩道内路上駐車防止の必要性と、工事の費用面より変更は困難なため
講義棟のエレベーター入口と中庭階段の間の経路	授業でよく使うので、誘導ブロック等、床面誘導表示を敷設するなどしてほしい	床面誘導表示を敷設	○	設計の意図通り
中庭の階段（とくに上端部）	高低差1m強の幅の広い階段から落ちそうで怖い	床面誘導表示を敷設	○	設計の意図通り
中庭と福利会館出入口前、主要な歩行者通路との結節点	福利会館の入口がどのあたりか分かりにくく誘導がほしい	床面誘導表示を敷設	○	設計の意図通り
福利会館のピロティ通路、および福利会館から電気系研究棟へ抜ける通路	床面誘導表示があると便利。しかし、ひとりで行くことは少ないので、優先順位は低い	床面誘導表示は敷設しない	―	予算の都合と利用実態より判断
福利会館東側の主要な歩行者通路	使用頻度はそれほど高くないが、床面誘導表示があると便利	床面誘導表示を敷設	◎	一般学生にとっても主要な歩行者動線であるため
電気系研究棟から福利会館東側通路までの経路（斜面）	斜面かつ屈曲しているので非常に通行しづらい。1回だけ直角に曲がればよい階段もあるが、そちらは階段が狭い通りにくい	屈曲斜路沿いに、手すりと床面注意喚起表示を設置	○	設計の意図通り
福利会館前〜電気系全体の入口結節点〜理工学図書館ピロティ北側	とくに大きく屈曲するポイントを分かりやすくしてほしい。そこが明るければ分かりやすい	回廊庇のうち曲がる結節点となる場所に、屋外照明を増設。工学研究科にて床面誘導表示を敷設	◎	一般学生にとっても主要な歩行者動線であるため
電気系全体の入口結節点〜E1〜E2〜E3棟（屋内廊下＋渡り廊下1F部分）	建物出入口扉に設置されている小スロープ（段差約15cm）の幅が狭く、危ない。建物内は、誘導がなくても慣れによってほぼ分かる	小スロープの取替え、階段の上下端に床面注意喚起表示を設置	○	設計の意図通り
理工学図書館ピロティとその南側	段差と細かい屈曲が多い部分。曲がるべき地点が分かるようにしてほしい。曲がるべき部分が明るいと分かりやすい	回廊庇のうち曲がる結節点となる場所に、屋外照明を増設。床面誘導表示を敷設	○	設計の意図通り
工学研究科エリアの裏口部分で、バイクの進入を防げる障害物あり	バイク進入防止の障害物のある部分が、狭く通りにくい	床面注意喚起表示を敷設	△	バイク進入防止の必要性より表示の敷設のみにとどめる

5章 事例2 身体障害・発達障害・医療的ケアなど、児童の個別ニーズに応える工夫

さいたま市立さくら草特別支援学校

所在地：埼玉県／開校年：2012年／最大収容人数：48人／設計：桂設計さいたま事務所／監理：さいたま市建築局建築部営繕課・設備課／敷地面積：7393.37㎡／建築面積：3698.96㎡／延床面積：4454.80㎡／構造：RC造一部S造／階数：地上2階

図1 学校外観

図2 ホール。朝の出迎えの風景

図3 学校周辺

図4 周辺の概要

本事例の概要

さいたま市立さくら草特別支援学校は、市の南東部在住の肢体不自由と知的障害を併せて有する児童・生徒を対象として開校された（図1）。小・中・高すべての学級が重複障害学級であり、2013年度の児童生徒数は35人、教職員数は45人と小規模な特別支援学校である。

児童・生徒は、1人ひとり障害種別や程度、意思の疎通方法、移動方法、必要な医療的ケアなどが異なる。これら個別のニーズに対応するため、指導・介助体制は教員が児童・生徒に実質1対1対応を行っている。

移動には車いすを使用する児童・生徒が多い（図2）。また、ストレッチャーを常時使用する児童・生徒もおり、身体の可動域は個々人で大きく幅がある。

医療的ケアは、2013年度全在籍者35人のうち、注入9人、衛生管理7人、吸引6人、てんかん27人であり、このほかに斜視、難聴などの児童・生徒も在籍する。

児童・生徒それぞれで異なるニーズに施設環境が応えるためには、利用者の状況を詳細に知らなければならない。本事例では、建設後に教職員が学校を運営するなかで行われた、空間や設備に関する工夫に着目する。教職員による現場対応には、計画時に忘れられていたニーズや新たに生まれたニーズが含まれる。

周辺地域

周辺は閑静な住宅街と芝川付近の田畑に囲まれた地域である（図3、4）。学校が建設される前は、市有地の空き地として住民の集いの場とされており、建設に際し、自治会内やさいたま市と協議が重ねられた。結果、学校は敷地の一部を歩道として整備し還元するに至った。開校後は近隣住民が講師となる親子パン教室やさつま芋掘りの実施、運動会では住民とふれあうプログラムを用意するなど、交流の機会を数多く設け、連携体制や信頼関係を築いている。

本事例の成り立ちと児童・生徒の生活

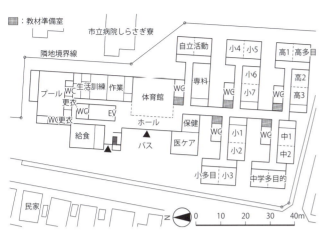

図5 配置図

さくら草特別支援学校の創設

- 肢体不自由部門を有するさいたま市北西部の市立ひまわり特別支援学校は、児童・生徒数の増加に伴い規模が大きくなり、増築を余儀なくされた。同校の規模の適正化と市の南東部における特別支援教育のセンター的機能の充実を図るため、さくら草特別支援学校が建設されることとなった。
- 小・中・高等部からなるさくら草特別支援学校は、肢体不自由と知的障害を併せて有する児童・生徒の入学が想定された。

施設計画の概要

- 普通教室を南側、特別教室ゾーンを北側に配置し、中央の児童・生徒用のホールに隣接させて体育館を配置(図5)。
- 2階は管理部門と市内全域を対象とした特別支援教育の相談センターが置かれる。
- 南側はクラスター型で、ひとつのクラスターは教室4室、男女別トイレ、収納、諸室で構成される。
- 普通教室は2教室を可動間仕切りで分けるしつらえとされ、仕切りを開けた2教室合同での授業が基本である(図6)。
- 教室ごとにテラスが設けられ、自然採光・換気を確保している。

図6 可動間仕切りを開けた2教室合同での学習・生活

児童・生徒の生活

- 登校方法は、スクールバス(4台)、家族の送迎、放課後などデイサービスのなかから個人に合わせて選べる。
- 登校後は、まず看護師により体温、血中酸素濃度、身体の硬直具合、支援機器、家族との連絡帳の確認が行われる。
- とくに医療的ケアが必要な児童・生徒11人は、ホール横の医療的ケア室で(図7)、そのほかは各教室内で体調確認を行う。
- 児童・生徒の体調が急変した際の対応については、学校付近の市立病院医師と連携体制を取っている。校内では看護師3人がつねに携帯電話を持参し、教室からの連絡に対応している。
- 活動の中心的な場は教室で、授業、休憩、給食などが展開される。胃ろうや経管注入を要する児童・生徒も、給食時は教室内で学友と一緒に食事をする。
- 保護者が校内の控え室(教室そばの別室)で待機し、給食時に教室に出向き、食事の介助を行う場面もみられる。
- 授業内容は、低学年においてはとくに自立活動が中心であり、適宜、自立活動室、専科教室、体育館が使用される。
- 短時間であれば立位が可能な児童・生徒も在籍するため、歩行練習が校内で行われる。
- 学校行事など全校児童・生徒が集う場合は、体育館を使用する。

図7 登校時の医療的ケア室での体調確認

近隣住民との関わり

- 学校の方針として、さくら草特別支援学校の子どもを地域の人々に知ってもらうことを目指している。
- 具体的な活動としては、児童・生徒が近隣住民へ学校便りを届ける活動や、住民向けにプロの演奏家を招いたコンサートの開催などを行っている(図8)。
- 2013年度には、駅ロータリークラブ・学校・PTAの共催で高等部学生の海外派遣事業が実施された。

図8 地域の人を招いたプロの演奏家によるコンサートの様子

平面図で分かる設計のポイント

小学部教室のしつらえ

小・中・高等部教室に共通している設備には、白板、固定電話、ロッカー、洗面台、テラスなどが挙げられる。

小学部は児童数21人で、学齢や心身状況に応じて7組に分かれている。1クラス（3組）のみ人数の都合上1教室を使用しているが（図5）、ほかの教室では間仕切りを開けた2教室合同の形態を採用している。そして、児童は1日の大半の時間を教室内で過ごす。

小学部教室の使われ方

2教室のうち、片方の教室はフローリング上にマットや畳を常設で敷いている（図9）。学習内容は臥位や座位姿勢保持具を用いた状態で行われる自立活動が主であり、その多くがマット上で展開される（図10）。ほかにも教員によるマッサージを兼ねた体調確認や、休み時間の休憩も行われる。教室の半分は、マット類はなく給食や座位での授業など、場面に応じて多目的な活動が展開される（図11）。

中学部教室のしつらえと使われ方

中学部1・2組のしつらえは、小学部とほぼ同様である（図12～14）。学級編成は3学年6人の生徒を2組に分けているが、授業は間仕切りを開放し1部屋とした教室にて6人全員で行われる。小学部の学習行為はマット上が中心であるのに対し、中学部は座位

図9 体調確認時の小学部4・5組教室。右手：たんの吸引、中央：保護者が対応

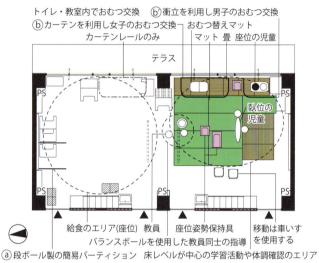

図10 小学部4・5組教室平面図（1/200）

図11 給食時の小学部1・2組教室。点滴による給食または食事介助が全員必要

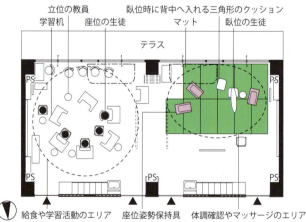

図12 中学部1・2組教室平面図（1/200）

図13 給食時の中学部1・2組教室。奥のマットで体調確認をしている

図14 エアマット使用の中学部1・2組教室。エアマットは教材室から持ち込む

による学習もみられる。生徒個人の障害特性により、生徒の基本となる姿勢は異なるが、児童・生徒の成長、発達段階の違いも影響すると考えられる。教室のマットを敷いていない部分に、エアマットを大きく広げて行われる授業もみられる。

高等部教室のしつらえと使われ方

高等部は3学年8人の生徒が3組に分かれている。障害の程度は、常時ストレッチャーを使用する生徒から、車いすでできる生徒まで幅広い。学習集団は、授業内容に応じてグループあるいは合同など柔軟に規模が変えられ、使用される教室も1組教室と2・3組教室とを随時選択する（図15）。2・3組教室は間仕切りを開け、朝の会や給食など全員が集うために使用される（図16）。内部のしつらえは小・中学部と異なり、マットは敷かずに2教室続きの広い空間とし、座位での授業もみられる。一方、従来規模の1組はマットを敷き、休憩や体調確認、臥位で身体を動かす授業を行う教室として使用される（図17、18）。加えて1組では暗幕を掛け暗室とすることで、ライトで室内を照らす、アロマを焚く、小型扇風機で風を当てるなど五感を刺激するスヌーズレン（62頁参照）の試みも導入している。

トイレのしつらえと使われ方

排せつ行為は児童・生徒のみでは困難であり、排せつ行為そのものの練習も兼ねるため必ず教員が同行する。設置状況は4教室に1カ所あり、内部は男女各々に引戸で仕切る便房とアコーディオンカーテンで仕切る便房が1基ずつ設けられ、共用でシャワーと汚物流しがある（図19）。

トイレは休み時間に集中するため非常に混み合い、1つの便房を児童生徒2人で同時使用する場面もみられる（便座を使用しない児童・生徒による）。混雑時には誤って便房内足元の緊急呼出しスイッチを押してしまう場面もみられた（図20）。高い使用頻度に配慮した設置数・箇所の計画が重要である。

車いす使用の児童・生徒が教員とトイレ内手前の便房に入室すると、移乗時にアコーディオンカーテンを閉められず、着脱衣が人目に触れてしまう状況である（図21）。プライバシーの観点から着脱衣や移乗が便房内で完結できるようにすべきである。

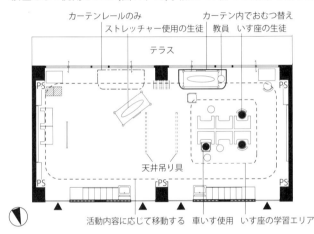

図15 高等部2・3組教室平面図（1/200）

トイレのスイッチ

トイレ内の緊急呼出しスイッチは、廊下（ライトのみ）・保健室・職員室のみと連動している。付近の教室との連動はされていないため、教員の到着が遅れることもある。

換気扇は照明と一体化されたセンサー制御のため、自動で切れ臭気が充満する。ドアを開け換気をすると、廊下にも臭気が漏れる。

図17 高等部1組教室平面図（1/200）

図19 トイレ平面図（1/150）

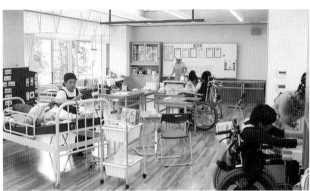

図16 給食時の高等部2・3組教室。いす・車いす・ベッドと給食時の体勢が異なる

図18 高等部1組教室。休み時間や身体を動かす授業でマットが使用される

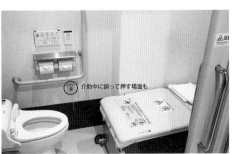

図20 奥の便房内部。排せつ指導も行われ複数児童の同時使用もある

図21 手前の便房内部。狭くプライバシーの確保が困難

Design Focus ｜ 教職員による児童生徒に合わせた環境づくり

運用するなかで多くの忘れられていたニーズが明らかとなった。このニーズに応えるため行われた教職員による環境づくりを紹介する。

食事環境の整備

図10ⓐには、多人数では落ち着いて給食が食べられない児童のために、段ボールの簡易パーティションを常設している（1）。児童は壁側を向き視界を制限し、音楽を流すことでリラックスして食事をする。

排せつ環境の整備

おむつ替えはプライベートな行為であり、基本はトイレで行うべきであるが、体調が急変した際や1人の教員が複数名を指導する場合など、教室内で介助せざるを得ない状況がある。その際、女子はカーテン内でおむつ替えを行う（図10のⓑ）。男子は教職員が作製した段ボール製の目隠し板を随時設置し図10のⓑで行う（2）。目隠し板は、児童はなかの様子をうかがえず、教員はおむつ交換をしながら周囲を見渡せる高さである。

ケガをしないための配慮

小学部1・2組教室では、マットが窓サッシ際まで敷かれている。そのためマット上で身体を動かした際に、サッシの溝に手などがはまり、ケガをしないために溝を隠す段ボール製の器具が用意されている（3）。トイレ、教室、廊下の壁仕上げは非常にざらつきのある材質が採用されている。身体を動かした際のケガ防止のために、トイレでは便房内の簡易ベッドと壁の隙間に、段ボールを緩衝材代わりに挟み対応している（4）。

クールダウンのための配慮

興奮状態にある児童生徒のためにクールダウン用の空間も必要であり、昇降口付近において段ボールで簡易的に空間を仕切り対応している（5）。

1 給食時の区切られた空間（図10ⓐ）。個別のニーズに対応するため、簡易パーティションで視界を制限し、好みの音楽も流している

2 目隠し板を設置しておむつ替え（図10ⓑ）。トイレでのおむつ交換を基本としつつも、どうしても難しい際に使用される

3 サッシの溝隠し。小学部1・2組教室。臥位の児童が身体を動かした際に、サッシの溝にはまらないようにしている。また衝突してもケガしないように緩衝テープが貼られている

4 便房内の簡易ベッドの隙間には、緩衝材代わりに段ボールやマットが挟まれる。簡易ベッドでは、ベッドからの転落予防策も重要である

5 昇降口付近の狭く区切られた空間。靴の履き替えをする個人専用の空間であり、クールダウン用の場所としても使われている

室内温度の管理

現状の冷暖房設備は教室、ホール、プールサイド、更衣室のみに設置されているが、移動時の温度差によるヒートショック対策の問題が生じた。施設全館での空調管理の必要性が強く望まれる。

プールでは、体温の上昇を目的にサウナ室が設置されているが、時間がかかり効率が悪いことが分かった。そのため体温上昇には、ビニールプールを2個プールサイドに設置し、湯を入れてお風呂のように利用している。サウナ室は医療的ケアを施す場として利用している（図22）。

教室環境の配慮

教室内の洗面台はドア付近に設置されており、児童・生徒と介助者の動線の混乱がみられる。また、電源を使用する支援機器を数多く使用するため、電気コードでつまずかない配慮も必要である（図23）。

十分な収納

重度重複障害の児童・生徒の場合、個々の状況や特性に応じ教材・教具や補助用具を準備するため、十分な収納が必要となる（図24）。ものを取りに行くことで教室内の教員数が減ることを避けるためにも、収納の設置箇所は取りに行きやすい距離が望まれた。教室内のロッカーは、現状では教材・教具・補助用具の大きさに対応していない。それぞれの収納スペースにおいて、距離や規模に関する細かな調整も大切である。

図22 身体を温めるためにビニールプールに湯を入れて使用する。プールサイドに置くためにシャワーホースを長いものに変更している

図23 電化製品のコードがタコ足で配線される。たんの吸引器、空気清浄器、加湿器、扇風機、音楽プレーヤーなどが同時に使用されることもある

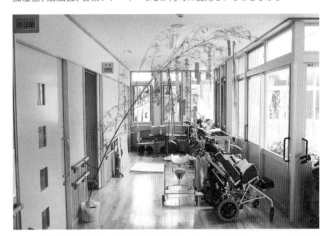

図24 小学部多目的室の前面廊下。撮影は七夕の時期と重なったため笹の飾りつけがされている。車いすや歩行補助具などは大きく、通過経路にならない奥まった廊下に置かれている

本事例で求められる建築的配慮と現状の問題点

箇所	設計	現状	評価	理由
保健・医ケア室の配置	昇降口や小学部低学年に近い箇所に配置	問題なく利用できる	○	教職員が介助しやすい
教室	2教室合同での授業形態	問題なく利用できる	○	児童生徒同士の交流、教員の負担軽減
施設全館	全館管理での連続的な冷暖房設備	教室とホールの一部のみ設置	△	温度差によるヒートショックを防ぐ
収納スペース	使用する教材・教具、補助用具の実態に則した規模と取り出しやすさを考慮した場所	教材室として用意された室が諸室へ用途変更されたため、廊下の奥まった箇所に置かれる	△	教員が児童生徒から離れる時間を減らす円滑な授業組立てが必要
教室内	動線の混乱防止と電気コード類でつまずかない	介助者と児童生徒の動線が混乱する	×	つまずきによる転倒がある
壁仕上げ	転倒時のけがが起きない材質	トイレ・廊下は非常にざらつきのある材質	×	児童生徒のケガの予防が不完全
トイレ	車いすやストレッチャーを使用する児童生徒の排せつ関連行為が便房内で完結すること おむつ交換が可能なトイレ環境	手前の便房では着脱が人目に触れてしまう 休み時間に利用者が集中するため使用できない	×	間口が狭く便房面積も狭いため、児童生徒のプライバシーの確保が不完全 食事の場との分離、プライバシーの確保が不完全
トイレの換気	照明と別系統で制御された換気扇スイッチ	自動で切れるため臭気が充満している	×	衛生管理が不完全
トイレ内の緊急呼出しスイッチ	職員室・保健室・廊下（ライトのみ）と連動している	付近の教室との連動はされていない	△	即座に教員が駆けつけられないこともある

5章 事例3
障害学生の困り事を把握し、連携サポートで学生が安心して過ごせる場を実現
日本福祉大学コミュニティセンター（障害学生支援センター・学生相談室・保健室）

所在地：愛知県／最大収容人数：大学5300人／敷地面積：30万4205.16㎡（うち美浜キャンパス20万9973.57㎡）／校舎面積7万8508.79㎡（うち美浜キャンパス4万5935.25㎡）

図1 障害学生支援センターが入るコミュニティセンター

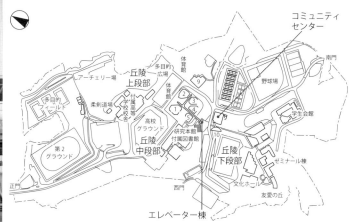

図2 日本福祉大学の敷地

図3 車いす使用者のために、高低差のある敷地と講義棟をつないだエレベーター棟とペデストリアンデッキ

本事例の概要

日本福祉大学は、愛知県にある中規模大学で3キャンパスに7学部・5300人の学生が学んでいる（2014年度現在）。

大学では「障害を持った学生と健常学生が共に学び合い、共に育ち合う支援」を目指しており、100人を超える（要支援）障害学生自身が、受ける支援を自分でコーディネートしている。

この活動の拠点が、コミュニティセンター内に設置されている障害学生支援センターである。

支援センターは、障害学生の学生生活全般の総合窓口となっている。その活動は多岐にわたり、個別の学習サポートから環境整備、支援学生の発掘・教育などを行っている。それと連携して、学生相談室、保健室がある。

本事例では、コミュニティセンターを中心に日本福祉大学の障害学生支援の取組み、とくに同大学でも顕在化してきた発達障害学生への対応について紹介する。

大学の敷地

郊外の丘陵地に設けられたキャンパスのため、敷地の高低差が大きい。約21万㎡の敷地に校舎・施設が点在しており、障害学生のキャンパス内移動をスムーズにすることは課題となっている。

コミュニティセンター（図1、2）はキャンパスのほぼ中央に位置しており、多くの学生が空き時間に集う場所である。障害学生のアクセスを考慮し障害学生支援センターを、このコミュニティセンター内に設けた。

高低差を解消するエレベーター棟と講義棟をつなぐペデストリアンデッキ（図3）

車いす移動の学生のために丘陵を上下移動できるエレベーター棟を設けた。丘陵上段部に建てられた低層で小規模な講義棟5棟それぞれにエレベーターを設けると費用がかかるため、このエレベーター棟で上下移動し、それぞれの棟へペデストリアンデッキで移動することとした。

1階を移動する学生にとっても上部にデッキがあることで雨天時にも濡れずに校舎間を移動できる。

日本福祉大学における障害学生の学びの現状と問題点

- 福祉を冠する大学のため福祉マインドをもった学生は多く、ボランティア登録学生数は260人（全学生の約5％）である。その学生が障害学生約150人（そのうち要支援学生、約110人）に対し支援を行っている（表1）。
- この福祉マインドの醸成には福祉系科目の充実に加え、支援制度・組織づくりなども重要である。ボランティア講習会を年30回以上実施している。
- さらにボランティアサークルの充実により、高い支援スキルをもった学生の育成が行われている。大学公認のボランティアサークルは、10団体以上ある。
- 全学的には支援学生数は足りているが、キャンパスごと、学部ごとにみると不足がある（表1）。
- 重度重複障害学生や発達障害学生の入学が増加傾向にあり、従前の情報障害学生や肢体不自由学生対応のノウハウでは支援が難しくなっている。
- 環境整備は年数回行われる教職員と障害学生との懇談や障害学生によるキャンパスチェックでの指摘事項をふまえ、随時行われている。
- 障害学生支援センター、学生相談室、保健室が週1回程度、連携会議を行い、障害学生や「困り感」のある学生の状況・対応の申し合わせを行っている。
- 大学進学前には入学前面談などを実施し、スムーズな支援を目指している。しかし、自分自身で受ける支援をコーディネートすることが難しい発達障害学生は多い。

表1 日本福祉大学における障害学生数とボランティア登録学生数（2011年度）

	ボランティア登録学生数	障害学生数	要支援学生数1人あたりのボランティア学生数
社会福祉学部（2317人）	141（6.1％）	84（60）	2.4人
経済学部（580人）	4（0.7％）	8（5）	0.8人
福祉経営学部（132人）	2（1.5％）	5（3）	0.7人
情報社会科学部（2人）	1（50.0％）	—	—
子ども発達学部（1291人）	72（5.6％）	23（15）	4.8人
国際福祉開発学部（185人）	6（3.2％）	7（5）	1.2人
健康科学部（769人）	34（4.4％）	20（18）	1.9人
計（5276人）	260（4.9％）	147（106）	2.5人

（ ）は学生数　　（ ）は要支援学生数

重要課題――大学での発達障害学生への支援

顕在化してきた発達障害学生

日本福祉大学では、肢体不自由学生や情報障害学生への支援のノウハウの蓄積はあるが、近年、増えつつある発達障害学生支援についての知見は少なく、現在、学生との交流を通じて情報収集し、積極的に取り組んでいる。

発達障害学生の困難～高校までの学びとの違い

クラス単位で授業を受けてきた高校までと異なり、大学では受講する科目を自分でコーディネートしさまざまな教室、授業形式に対応しなければならない。

教育の目的・本質を見極める

各科目・演習の目的・本質・ゴール（修得する能力・レベル）が何なのかを見極め、そのゴールに到達するための手段の工夫を行う。たとえば、設計演習の目的を建築物を企画・設計して、図面を描き上げることとするならば、その手法はさまざま存在する。手描きが難しいものは、平行定規をCADに、ケント紙を画面に、そしてペンをマウスに替えればよい。しかし、ペンの微妙なタッチを修得することを目的とするならば、CADを用いた設計演習は難しい。

入学前相談会の実施

障害学生を対象とした入学前相談会に、障害学生支援センターの教職員だけでなく、学部・学科の（とくに実習・演習を担当する、進級や卒業に関係する科目を担当する）教員が参加し、事前に入学後想定される困り事について検討を行っている（表2）。多くの発達障害学生は、自らが直面するであろう困り事を予測することが不得手である。

表2 発達障害学生の学校内での困り事と日本福祉大学での対応

発達障害	学生の学校内での困り事	日本福祉大学での支援
ADHD（注意欠陥多動性障害、Attention-Deficit/Hyperactivity Disorder）	●講義に集中できない。じっとしていられない ●実習や演習で指示を間違える ●レポート課題などの期限を忘れる ●時間を要する課題の遂行計画が立てられない ●遺失物が多い ●遅刻が多い	→講義に安心して集中できる環境づくり →明快な（文書化した）指示 →学習相談室・TAの活用 →タイミングに合わせた確認メモ →支援センターでの持ち物チェック →支援センターでの確認、注意喚起
自閉症スペクトラム障害（ASD：Autism Spectrum Disorder、自閉症・アスペルガーなど）	●マイペースで的外れな質問が多い ●意見を問われると返答できない ●曖昧な指示で作業できない ●自分で判断して行動することができない	→支援センターの活用 →時間的余裕のあるアクティブラーニング →演習課題の明確化 →支援センター・学習相談室・TAの活用
学習障害（LD：Learning Disabilities）	●講義を聞きながらノートをとれない ●文献資料を読む課題ができない ●外国語科目が苦手 ●レポート課題などで意見をまとめることが苦手 ●単純な計算でもミスをする	→TAの活用、録音・録画・撮影の許可 →学習相談室の活用 →教授会・学科会議などで授業対応検討 →学習相談室の活用 →計算機などの用具使用の許可

発達障害とは
学習障害、注意欠陥多動性障害、高次脳機能障害、アスペルガー症候群などを指す。医師や研究者によってその定義にはゆらぎがあるが、一般的には知的障害をもたないものの、ある特定の能力が著しく困難であったり、忘れ物などをしやすい傾向があったり、社会的関係の構築が難しい人々を意味する。

平面図で分かる設計のポイント

活気あふれる障害学生支援センターと学生を見守る保健室～コミュニティセンター1階

1998年にコミュニティセンター内に障害学生支援センター、学生相談室、保健室などを設け連携を図っている。

1・2階に機能を分けたことで、学生が利用目的に応じて活気ある空間（1階）と静かな空間（2階）を選べるようにした。

1階の障害学生支援センターは、障害学生および支援学生の活動拠点であり、これらの学生の出入りや活動が活発に行われる（図4～8）。

2階は、障害学生支援センターと異なり落ち着いて相談できたり、空きコマを1人で落ち着いて過ごせたりする静かな環境づくりを行った。

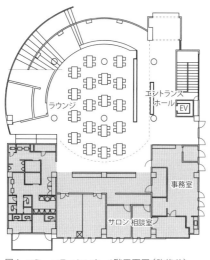

図4 コミュニティセンター1階平面図（改修前）

図6 障害学生支援センター入口。コミュニティセンター入口正面から見やすい場所にあり、利用学生は場所が分かりやすくなった

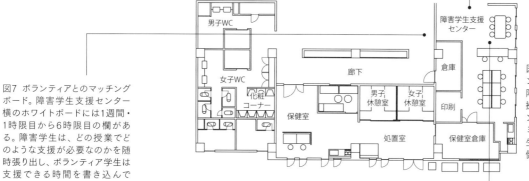

図5 改修後のコミュニティセンター1階平面図（1/300）。障害学生や支援学生の活動拠点となる障害学生支援センターと、グラウンドやコミュニティセンターにいる学生を見守ることができる保健室がある

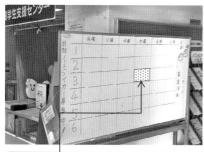

図7 ボランティアとのマッチングボード。障害学生支援センター横のホワイトボードには1週間・1時限目から6時限目の欄がある。障害学生は、どの授業でどのような支援が必要なのかを随時張り出し、ボランティア学生は支援できる時間を書き込んでマッチングを行う

マッチングボードの例

図8 障害学生や支援学生が集う活動スペース。障害学生支援センターは障害学生のみならず支援学生の出入りも多くある。学生は教職員の目の届く（見守られている）ところで活動するため安心できる

静かな環境で落ち着いて過ごせるサロン、学生相談室（コミュニティセンター2階）

コミュニティセンター1階は、一般学生も集う学生コーナーと障害学生や支援学生が集い活動する障害学生支援センターで賑わっている。2階には、1階の学生ラウンジを見下ろす形で吹抜けが設けられている（図9）。この吹抜けを囲むように、パソコンが配置された（1人席用の）カウンターが設けられており、静かな空間となっている（図10）。

この、賑わう学生ラウンジを見下ろすカウンター席であれば、1人でパソコンに向かっていても人目を気にせず、疎外感を感じずに安心して時間を過ごすことができる。

静かな環境である2階には、サロンや学生相談室が配置されている（図11）。

2階にあるため、1階の学生ラウンジに集う学生に見られることなく訪れることができる。

サロンへの出入りは自由となっている。学生相談室は、悩みをもつ学生が訪れる。そのため相談室への動線（階段・エレベーター位置・部屋への出入口）を考慮し、サロンを利用する学生と出会うことなく相談待合室・学生相談室を訪れることができるようにする（図12、13）。可動パーティションで視線を遮る工夫も行っている。

図9 ラウンジ吹抜け

図10 落ち着けるカウンター席

学生が自由に利用するサロン
障害学生や居場所に困っている学生が自由に滞在できる場所として利用され、学生は空きコマを安心して過ごしている。1階の賑わいのある活動スペースでは落ち着けない学生はここで過ごす。
ここで悩みをもつ学生を見つけてスムーズに相談室に引き継ぐことを意図して近接配置にしている。
このスペースを利用することで「保健室登校」を減らし、本来、保健室がもつべき機能を発揮できるようにした

図11 コミュニティセンター2階平面図（1/300）

障害学生支援センター分室
聴覚障害の学生のためにボランティアサークルの学生が映画や映像資料に字幕を付ける作業を行う部屋を用意した。
ここで教職員が機器を管理している

図12 学生相談を受けるための相談待合室。カウンセリングの待合室は落ち着いた空間となっている。また、1人で休憩したい学生はここで休むこともできる

図13 学生相談室は簡素な造りとしている。その理由は、①3人のカウンセラーが交代で使用するため自分の個性が出ないようにする、②特定のイメージを誘発する物は置かない、③相談者に対しカウンセラーの個人情報を開示しないためである

空きスペースを利用した学習サポートスペース（コミュニティセンター3階）

授業の予習復習や期末試験勉強などについて具体的な困りごとを解決できる場として、空き教室・スペースを利用した学習サポートスペースの設置を行った（図14）。

学習支援を考える際には、どのレベルの支援が必要なのかを把握し、結果として専門知識を要する支援が必要な場合には、各専攻・専修の上級学年生・院生のスタッフが担当する体制である。

レポート課題の資料収集や課題の締切り日などの確認を一緒に行うだけでも十分な支援となる場合には、専門知識のないボランティア学生や支援センター職員でも学習サポートは可能である。

「利用したら単位が取れた」など成果が見えやすく、「困り感」のある学生や発達障害学生の達成感の向上やる気につながっている。

小教室を用いるほうが落ち着くが、1回の利用人数が多いと気が散ってしまう。パーティションなどを上手く利用して落ち着いた環境をつくるようにしている。

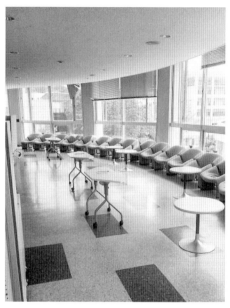

図14 空きスペースを使用した学習サポートスペースの例。コミュニティセンター3階にはホールがあるが、利用頻度は低い。そのホールや前室を用いて学習サポートを行う。週2日の日程で行うが試験前の利用者は多い

Design Focus 1 ｜ 発達障害学生の五感を考えた建築的な配慮

視覚（明るさ）への配慮

視覚情報に敏感な発達障害学生に対しては、廊下の照明を明るくしゼミ室や教授室などへ（心理的に）行きやすくすることが有効である場合が多い。

他方で、教室内が発達障害学生には明るすぎて落ち着かない（暗いほうが落ち着く）場合がある。講義室などでは照度を落とすことは難しいが、本人が落ち着ける座席を自ら探し出す努力を促すことで、解決することもある。

ゼミ室では、照明を間接照明に変更する（天井の照明をつけずにフロアスタンドを使用する）などへの配慮も効果的である。

視覚（見やすさ・分かりやすさ）への配慮

部屋の表示を大きくして分かりやすくする（**1、2**）。凹凸の多い空間は苦手である。視野の狭い学生も多いので、情報は分かりやすくしたい。

視覚障害者用誘導ブロックなどに沿って行けば教室にたどり着ける場合もある。

場所を覚えるまでに時間を要する学生もいるので、学期当初（2ヵ月程度）は教室やゼミ室を覚えるまで支援センターの職員やボランティア学生が付き添って移動する場合が多い。

視覚（空間広さ）への配慮

広い空間が苦手な場合には別室での遠隔受講や、設備がない場合には、視野を狭くする色つき眼鏡の着用などで対応する。

聴覚への配慮

教室内のざわつきが気になったり、静かな教室内でも鉛筆を走らせる音が気になる学生もいる。そのため集団のなかで行われる授業・大教室での授業は苦手な傾向がある。

このような学生は授業を欠席しがちなので、別室での遠隔授業やノイズキャンセラーのヘッドホンをつけるなどの工夫を行う。

嗅覚への配慮

においに敏感な学生は、建物のワックスがけや塗装工事などの微量の臭気にも反応するので、清掃時期やメンテナンス時期に配慮する。

ゼミ室や教室のにおいの有無の確認だけでなく、周囲の学生（たばこや香水、飲料のにおい）にも配慮を依頼する。

この嗅覚への配慮は、発達障害学生だけでなく化学物質過敏症の学生への対応にもつながる。

1 情報の分かりにくさを示した例。学生が教員に課題の確認に行こうとした際に、写真のような文字の目立たない表示では見つけられず、あきらめて帰ってしまう場合がある

2 情報の分かりやすさを示した例。学生が探しやすいように研究室の名前や教員の予定を分かりやすく扉下方に配置した。低い位置に大きく掲示することで弱視の学生や車いす使用学生への配慮にもなる

Design Focus 2 | 発達障害学生の修学上の配慮（理工系を中心に）

実験・演習への配慮
測量実習や構造実験など、リアルタイムな作業が求められる場合には、(同一グループの)周囲の学生の作業に支障が生じないよう配慮する。構造実験では大音量に動揺することも考えられるので事前に注意を促す。また実験・演習風景をビデオ撮影し、実験・演習後に見直しが行えるようにする。

計画立案への配慮
工学系の科目は積上げ式のものが多く、計画性をもった履修や、課題遂行が必要である。発達障害学生は計画を立てることが苦手で、数週間かけて制作する課題などをスケジュール管理しながら作業することが難しい(1)。
学習相談室の活用により、全体のスケジュールと直近の課題をそのつど確認する。

グループワークでの配慮
グループワークを行う際には、当該学生をよく理解している学生と同一グループとなるよう配慮する。発表などは、順番に行うほうが得意な学生と、順番に回ってくると(緊張して)不得手な学生がいるので当該学生をよく観察して方法を考える。

設計製図での配慮
製図台を使い精密な図面を作図することが求められる製図関係科目の履修は難しいが、これを履修しないと学友と共有する時間はほとんどなくなってしまう。
肢体不自由学生や発達障害学生が希望した場合には、パソコンを用いたCADの作図を認めるか検討する。

計画・デザイン系の授業への配慮
体験していないことを理解する・想像することができないが、授業では想像力を働かせ空間をイメージさせることが多い。写真などで設計事例を示しても、それは答えの1つでしかない。事例を自分で収集させパターンを習得するところから始める。

1 設計演習のスケジュール管理の工夫
建築設計製図演習など長期にわたり取り組む課題ではスケジュール管理が重要であるが、発達障害学生には苦手な行為である。そのスケジュール管理のために学生にメモを渡すことは有効である。それぞれのタイミングで行うべき(達成目安の)項目を学生に示し指導を行う

本事例で行われた建築的配慮とその評価

	箇所	設計	計画時の意図	評価	理由
1階	障害学生支援センター	建物出入口から分かりやすい場所に配置した	学生の利用頻度の高いコミュニティセンターに配置して障害学生・支援学生の利用頻度を上げる	○	障害学生・支援学生に活発に利用される
		障害学生・支援学生の活動スペースを事務室カウンター前に配置した	障害学生・支援学生が事務職員・教員に見守られて安心して活動できる	◎	
	保健室	障害学生にも利用しやすいよう休憩室を隣接させた	学内で体調を崩す障害学生に素早く対応する	○	障害学生支援センターと保健室の連携が必要な障害学生への対応がスムーズに行える
		グラウンドに近接させ、敷地中央のコミュニティセンターに配置した	学生が利用しやすく、かつ学生を見守りやすくする	△	便利の良い場所にあるため利用頻度は高くなった。グラウンドに近いことで事故などの緊急時対応が可能であるが、グラウンドに面した窓外に室外機が置かれており視線は通りにくい
		男女別にパーティションで仕切られた休憩室を設けた	安心して休憩できる	○	当初の目的を達成している
2階	サロン	学生で賑わう1階から階段・エレベーターで上がった2階の落ち着いた場所に配置した	周囲の学友から出入りを知られない場所に、静かに落ち着いて過ごせるサロンを用意する。障害学生や学生生活で「困り感」のある学生が空き時間を過ごすことができる	◎	大学生活に馴染めずに保健室へ登校する学生が減った。自由に滞在できる場所として活用され学生間の交流もみられる
	学生相談室・相談待合室	カウンセラーとの面談のための部屋および待合室を設けた	出入りの際、他の学生と交わらない動線計画とする。カウンセラーとの相談待合室は、1人で休憩したい学生も利用する	◎	増加傾向にある学生相談件数にも対応できている
	障害学生支援センター(分室)	ボランティア学生が扱う機器(映画や映像資料に字幕を付ける機器など)を保管している	ボランティア学生が積極的に活動できる場所を確保する	○	機材を教職員が管理することで、学生が自由に活動できるようになった
	カウンタースペース	2階の吹抜けに面してカウンター席(パソコンコーナーを含む)を設けた	学生が空き時間に周囲の目を気にせず、1人で静かに過ごせる場所を用意する	○	学生たちが集う賑やかな空間を眼下に望む静かなカウンター席のため、疎外感を感じず安心して落ち着いて過ごせる
3階	学習サポートスペース	コミュニティセンター3階の空きスペースを用いて学習相談を行う	利用頻度の低いホールを使用して学習サポートするスペースを週2回(月曜・木曜の午後)設ける	◎	学習という具体的な困り事を解消できたという成功体験により、センターや相談室の利用がより活発になる

おわりに

　建築計画とは、利用者の特性とニーズを把握し、建築の社会的役割を理解し、設計上必要となる、寸法、空間規模・形態の計画、設計方法などの理論であり、もとより利用者本位かつ実証的な建築・環境デザイン理論といえるであろう。しかし利用者は多様であり、ニーズも多様であり、それらを十分に理解しとらえることは簡単なことではない。

　本書は、さまざまな利用者が利用する事例からそのニーズをとらえ、利用者本位の建築デザインの方法について考え、建築計画の原点である利用者本位のとらえ方が簡単なことではなく、さまざまな取組みが必要なことを再認識しようとするものである。

　本書で示された利用者のニーズは個々の事例の計画を通じて見出されたものであるが、重要なのは、このような一見しただけでは見出せないニーズを見出し、汲み取るプロセスであり、ここで計画された事柄が、実際どのように実現し、または実現せず、そこからどのような本当のニーズが見えてくるのかである。そのことは利用者が特定されている個人の特有のニーズに対応するものなのか、バリエーションが考えられる不特定多数を対象としたニーズを想定した施設かでも異なってくる。

　これまでの建築計画では調査研究の成果をもとに規格化したり、標準化したり、制度化するようなことが求められてきた。しかし規格、標準、制度だけでは豊かな人間・環境関係は構築できない。類似例の見よう見まねでもなく、規格や制度に則るだけでなく、当事者意識をもって、うわべだけではない、より深い人間・環境関係を探る必要がある。本書がそのヒントとなれば幸いである。

　本書には多くの方々から貴重な図版や写真、計画・設計時のエピソードなどの資料を提供いただき掲載させていただいた。そのことに対してまず厚く御礼申し上げたい。また、編集の段階で北海道大学の森傑教授、金沢大学の西野辰哉准教授には率直かつ貴重なご意見をいただいた。ここに改めて感謝の意を表する次第である。

2016年12月

　　　　　日本建築学会ユーザー・オリエンティド・デザイン小委員会

■本書作成関係委員（2016年12月現在）―（五十音順・敬称略）―

建築計画委員会
　委員長　　大原一興
　幹　事　　池添昌幸　　小見康夫　　清水郁郎
　　　　　　西野辰哉　　日色真帆
　委　員　　（省略）

計画基礎運営委員会
　主　査　　山田哲弥
　幹　事　　日色真帆　松田雄二
　委　員　　（省略）

ユーザー・オリエンティド・デザイン小委員会（2015年度～）
　主　査　　松田雄二
　幹　事　　石橋達勇　田中賢
　委　員　　石垣　文　　加藤悠介　　鈴木義弘
　　　　　　冨永哲雄　　西野亜希子　原　利明
　　　　　　藤井容子　　室﨑千重　　山崎　晋

ユーザー・オリエンティド・デザイン小委員会（2012年度～2015年度）
　主　査　　西出和彦
　幹　事　　菅原麻衣子　松田雄二
　委　員　　石垣　文　　石橋達勇　　佐藤克志
　　　　　　鈴木義弘　　橘　弘志　　田中　賢
　　　　　　冨永哲雄　　西野亜希子　原　利明
　　　　　　藤井容子　　藤岡泰寛　　山崎　晋

■執筆者

1章
解　説　西野亜希子（東京大学）
事例1　西野亜希子
事例2　吉田紗栄子（アトリエ・ユニ、
　　　　NPO法人高齢社会の住まいをつくる会）
事例3　松原茂樹（大阪大学）
事例4　室﨑千重（奈良女子大学）

2章
解　説　松田雄二（東京大学）
事例1　松田雄二
事例2　藤井容子（香川大学）
事例3　加藤悠介（金城学院大学）
事例4　二井るり子（二井清治建築研究所）

3章
解　説　石垣　文（広島大学）
事例1　石垣　文
事例2　江　文菁（佐藤総合計画）
事例3　鈴木義弘（大分大学）

4章
解　説　石橋達勇（北海学園大学）、松田雄二
事例1　石橋達勇、原利明（鹿島建設）
事例2　間瀬樹省（ケアスタディ）
　　　　桑波田謙（クワハタデザインオフィス）
事例3　松田雄二

5章
解　説　菅原麻衣子（東洋大学）
事例1　山崎　晋（小山工業高等専門学校）
事例2　鈴木孝明（中日本ハイウェイ・エンジニアリング東京）
事例3　田中　賢（日本大学）

■図版出典

1章
解説
図1　東京消防庁「事故種別と救急搬送人員」「『ころぶ』事故の発生場所」2015
厚生労働省「要介護度別にみた介護が必要となった主な原因の構成割合」2010
厚生労働省「平成25年国民生活基礎調査の概況」
表1　国土交通省告示（2001.8）
事例3
Design Focusの俯瞰図　鈴木愛末作成
事例4
図5　「ひょうご県営住宅整備・管理計画」兵庫県県土整備部、2016.5

2章
解説
図3　厚生労働省ウェブサイト「統計情報」のデータをもとに作成
事例2
図5　富山県厚生部厚生企画課「とやまの地域共生、富山型デイサービス20年のあゆみとこれから」パンフレット、2013.10
事例3
図3　岡部耕典『障害者自立支援法とケアの自立』明石書店、2006をもとに一部作成

3章
解説
図1　社会保障・人口問題研究所「日本の世帯数の将来推計（全国推計）」2013
図2　内閣府『障害者白書　平成26年版』2014
事例2
表1　特定非営利活動法人「ふらっと」パンフレットをもとに一部作成

4章
事例1
図1〜3、8　来野炎「三井記念病院」（『医療福祉建築No.179』）日本医療福祉建築協会、pp.24-27、2013.4
図9　来野炎「三井記念病院」（『医療福祉建築No.179』）日本医療福祉建築協会、pp.24-27、2013.4をもとに一部作成
図5　金子八重子氏スライド資料より
表1　金子八重子氏スライド資料をもとに一部作成
図7　引用・参考文献2）〜4）および金子八重子氏スライド資料をもとに一部作成
図10　来野炎「三井記念病院」（『医療福祉建築No.179』）日本医療福祉建築協会、pp.24-27、2013.4　をもとに一部作成

5章
解説
図1　文部科学省「特別支援教育資料」
図2　独立行政法人日本学生支援機構
事例1
図1　大学ホームページをもとに一部作成
図6　「大阪大学バリアフリー・サインのフレームワークプラン」p.13、14

特記のないものは、著者の提供による。

■引用・参考文献

はじめに
1）厚生労働省「知ることからはじめよう みんなのメンタルヘルス」
2）厚生労働省「平成27年医療施設（動態調査）・病院報告」
3）厚生労働省「精神障害者に対する医療の提供を確保するための指針等に関する検討会　第8回資料『長期入院精神障害者をめぐる現状』」
4）日本学生支援機構ホームページ「『平成27年度（2015年度）大学、短期大学及び高等専門学校における障害のある学生の就学支援に関する実態調査』結果の概要について」

1章
事例3
1）杉山登志郎『杉山登志郎著作集 1　自閉症の精神病理と治療』日本評論社、2011
事例4
「ひょうご県営住宅整備・管理計画」兵庫県県土整備部、2016.5
「既設県営住宅バリアフリー化事業概要」兵庫県県土整備部、2015

2章
解説
1）厚生労働省「平成26年患者調査」「平成27年医療施設（動態調査）・病院報告」など
事例2
富山県厚生部厚生企画課「とやまの地域共生、富山型デイサービス20年のあゆみとこれから」パンフレット、2013.10

3章
解説
1）在宅医療に関するデータは、保険局医療課調べ（2011年）、介護給付費実態調査（2011年5月審査分）
2）厚生労働省医政局「訪問看護について」2011
3）三船康道ほか『まちづくりキーワード事典　第二版』学芸出版社、2003
4）丸山裕子「精神医学ソーシャルワークの実践過程とクライエント参加：その意義と方法」（『社会問題研究、47（2）』pp.165-196、1998）
5）朔哲洋「病院再構築と健康福祉のまちづくり　佐久総合病院再構築と健康・福祉のまちづくり　地域医療センターは、何をめざすのか？」
6）富山県厚生部厚生企画課「とやまの地域共生」
7）北陸財務局「全国に拡がる富山型デイサービス」2013
8）日本建築学会編『空き家・空きビルの福祉転用』学芸出版社、2012
9）田中直人『建築・都市のユニバーサルデザイン』彰国社、2012
事例1
1）About Maggie's- Maggie's Centres
2）Maggie's architectural brief- Maggie's Centres
3）秋山正子『在宅ケアのはぐくむ力』医学書院、2012
4）秋山正子「訪問看護の経験が生きる"暮らしの保健室"」（『コミュニティケア　Vol.15、No.2』pp.12-15、日本看護協会出版会、2013
事例2
1）惣万佳代子『笑顔の大家族このゆびとーまれ「富山型」デイサービスの日々』水書坊、2002
2）富山県民間デイサービス連絡協議会『CLCはじめよう！シリーズ④　富山からはじまった共生ケア　お年寄りも子どもも障害者もいっしょ』筒井書房、2003
3）『くらしと教育をつなぐWe　161号』pp.4-22、フェミックス、2009.8.1

4章

解説
1) 日本建築学会編『建築設計資料集成　総合編』丸善、p317、2001.6

事例1
1) 三井記念病院 百年のあゆみ、p.62、2009.3
2) 金子八重子「基調報告 現場から見た看護師発信の病院のトイレ」（第29回トイレシンポジウム概要集）日本トイレ協会、pp.12-15、2013.8
3) 来野炎「三井記念病院」（『医療福祉建築No.179』）日本医療福祉建築協会、pp.24-27、2013.4
4)「巻頭座談会三井記念病院入院棟の建設を巡って　看護部の思いが実った患者さんにやさしいトイレ空間　」（『癒やされるトイレ環境をめざして』Vol.8）癒しのトイレ研究会、pp.4-11、2009.8
5) 森山ひとみ、金子八重子「トイレ一体型尿流量測定装置を使用した蓄尿業務の改善」（第61回　日本病院学会抄録）p.125、2011

事例2
井上賢治、桑波田謙、間瀬樹省『井上眼科病院の実践から学ぶユニバーサルデザイン』中央法規出版、2014
『ホスピタリティの実現を目指して～ユニバーサルデザインの取り組み～』医療法人社団済安堂　お茶の水・井上眼科クリニック

5章

解説
文部科学省「特別支援教育資料」
内閣府「医療的ケア児の支援に関する保健、医療、福祉、教育等の連携の一層の推進について」2016.6
文部科学省「平成27年度特別支援学校等の医療的ケアに関する調査結果について」
全国障害学生支援センター「大学案内2014障害者版」
独立行政法人日本学生支援機構「平成27年度（2015年度）障害のある学生の修学支援に関する実態調査結果報告書」
独立行政法人国立特別支援教育総合研究所・独立行政法人日本学生支援機構「高等教育機関における発達障害のある学生の支援に関する研究」2009.3

事例3
高橋知音『発達障害のある大学生のキャンパスライフサポートブック』学研教育出版、2012
日本学生支援機構「障害のある学生の修学支援に関する実態調査」
日本福祉大学障害学生支援センター『日本福祉大学障害学生支援センター年報』
発達障害情報・支援センターホームページ
国立特別支援教育総合研究所編著『発達障害のある学生支援ケースブック：支援の実際とポイント』ジアース教育新社、2007

■写真撮影者・提供者

1章
事例2
大戸英二
事例3
Nさん家族
事例4
図14　兵庫県県土整備部提供

2章
事例1
図1、14　飯野高明提供
事例2
図6、7　社会福祉法人にいかわ苑提供
事例4
図1、10、17　松村芳治

3章
解説
図3　三浦研提供
図5　江文菁提供
図7　岡本悦生提供
事例1
図4　三浦研提供
図8、Design Focus4　浦口醇二提供
事例2
図4　池田建築設計事務所提供
図5　池田建築設計事務所提供（写真：宮袋季美撮影、江文菁撮影）
事例3
図8、25、30～35　若杉竜也提供
図11右、13、17、18、20、24、26～28　松田雄二提供

4章
解説
図1　松田雄二提供
事例2
図1、9の上3点、11、12　フォワードストローク
事例3
図1、5、7、design focus1～4、11～13　チャイルド・ケモ・サポート基金提供
図10の写真　新建築社写真部

5章
解説
図3、4、7、9、10　鈴木孝明提供
図5、8　田中賢提供
図6、11　山崎晋提供

事例1
図5、6　design focus　吉岡聡司（大阪大学キャンパスデザイン室）提供

特記のないものは、著者の提供による。

好評発売中

体験的ライフタイム・ホームズ論
車いすから考える住まいづくり

丹羽太一・丹羽菜生編　丹羽太一・丹羽菜生・園田眞理子・熊谷晋一郎・小竿顕子著

A5・214頁

住環境のバリアフリー・ユニバーサルデザイン
福祉用具・機器の選択から住まいの新築・改修まで

野村歡編　植田瑞昌・田中賢・田村房義・野村歡・橋本美芽・村井裕樹・八藤後猛著

B5・198頁

医院建築の計画と設計事例
関根裕司編著

A4・128頁

2014年度日本建築学会著作賞受賞
建築・都市のユニバーサルデザイン
その考え方と実践手法

田中直人著

B5・168頁

高齢者介護・看護施設の計画と設計
伊沢陽一著

A4変・266頁

認知症高齢者が安心できるケア環境づくり
実践に役立つ環境評価と整備手法

児玉桂子・足立啓・下垣光・潮谷有二編

B5・162頁

医療福祉施設のインテリアデザイン
二井るり子・梅澤ひとみ著

B6・236頁

知的障害のある人のためのバリアフリーデザイン
二井るり子・大原一興・小尾隆一・石田祥代著

B6・236頁

五感を刺激する環境デザイン
デンマークのユニバーサルデザイン事例に学ぶ

田中直人・保志場国夫著

四六・214頁

©日本建築学会 2017年　　　　　　　　　　　　　　　　　　　　　印刷：真興社　製本：誠幸堂

ISBN 978-4-395-32085-1 C3052　　　　　http://www.shokokusha.co.jp

利用者本位の建築デザイン　事例でわかる住宅・地域施設・病院・学校

2017 年 2 月 10 日　第 1 版 発 行

編　者	日 本 建 築 学 会
発行者	下　出　雅　徳
発行所	株式会社　彰 国 社

162-0067　東京都新宿区富久町8-21
電話　　03-3359-3231（大代表）
振替口座　　00160-2-173401

著作権者との協定により検印省略

自然科学書協会会員
工学書協会会員

Printed in Japan

本書の内容の一部あるいは全部を、無断で複写（コピー）、複製、および磁気または光記録媒体等への入力を禁止します。許諾については小社あてご照会ください。